KB253591

마켓3.0 시대의 **스마트 비즈니스** 전략

마켓3.0 시대의 **스마트 비즈니스** 전략

마켓 3.0 시대의 스마트 비즈니스 전략

• 김영한 · 류재운 지음 •

Market 3.0

살림Biz

우주에 흔적을 남기는 일을 하라

스티브 잡스는 두 번이나 죽을 고비를 넘기고 애플에 돌아와서 새로운 제품 개발에 몰두했다. 그는 지금 엄청난 돈을 번 갑부이지만 청바지를 입고 개발자들과 함께 '우주에 흔적'을 남길 만한 제품을 만들고 있다.

잡스는 개발자들에게 이렇게 말한다. "우리는 우주에 흔적을 남기기 위해 여기에 있다. 안 그러면 여기에 있을 이유가 없다. We're here to put a dent in the universe. Otherwise why else even be here?"

2001년 미국이 9.11 테러로 공포에 떨고 있을 때 애플은 아이팟i Pod을 내놓았다. MP3 플레이어는 이미 한국의 아이리버, 삼성전자, LG전자가 제품을 내놓고 있었고 아이리버가 미국 시장에서 선두를 달리고 있을 때였다. 컴퓨터 회사인 애플이 가전제품인 MP3 플레이어 시장에 뛰어든다는 것은 무모한 일처럼 보였고 초기 제품들은 500달러 정도여서 아이팟의 성공을 예견한 사람은 별로 없었다. 그러나 소프트웨어, 콘텐츠, 마켓 플레이스를 구축하면서 아이팟은 성공했고 우주에 흔적을 남긴 제품이 되었다.

2007년 애플은 회사 이름에서 '컴퓨터'를 제거하고 휴대전화 시장에 뛰어들었다. 휴대전화의 선두주자인 모토로라가 노키아에 선두자리를 내주고 삼성전자, LG전자에게 밀려서 4위로 추락하고 있을 때였다. 그리고 스마트폰에서도 이미 블루베리가 리더 자리를 차지하고 있는 상황에서 아이폰iPhone을 내놓았다. 사람들은 아이폰에 대해 디자인은 예쁘지만 애플 마니아들만 쓰는 찻잔 속의 태풍이 될 것이라고 예견했다. 그러나 3G 신기술로 재무장하고 어플리케이션을 거래하는 앱스토어를 개설하여 고객 기술을 끌어들인 아이폰은 엄청난 성공을 거두었고 우주에 흔적을 남기는 또 하나의 제품이 되었다.

2010년, 애플은 아이패드iPad로 태블릿 PC 시장에 진출했다. 태블릿 PC 시장에는 IBM과 마이크로소프트MS가 이미 진출해 있지만 아이패드는 와이파이Wi-Fi가 지원되고 아이폰의 소프트웨어를 쓸 수 있게 함으로써 태블릿 PC의 새로운 기준이 되고 있다.

한편 아이폰은 그동안 꼭꼭 닫혀 있던 한국의 무선인터넷의 빗장을 열어젖히고 사용자들을 해방시켰다. 아이폰이 국내에서 예상 밖의 성공을 거두자 국내 휴대전화 생산업체와 이동통신회사들은 쇼크를 받았다. 안방을 내줄지도 모른다는 위기감은 아이폰에 대한 견제와 조직 내부 반성으로 이어졌다. 경영진은 "왜 우리는 아이폰 같은 히트 상품을 못 만들어내느냐?"고 실무자들에게 묻고 있다.

이 같은 아이폰 쇼크는 통신업계의 일만이 아니라 모든 산업에게 해당되는 일이다. 애플이 어떻게 우주에 흔적이 될 만한 제품을 개발하고 어떻게 창의적인 인재를 양성하는지를 꼼꼼히 분석하고 배워야 한다.

전 세계에서 권위를 인정받는 경영저널 「하버드 비즈니스 리뷰HBR」는 2010년 1월호에서 지난 10년 동안 세계 최고 경영자가 누군지 조사해 1위부터 100위까지 발표했다. 전 세계에서 최고라고 손꼽히는 CEO 1,999명의 경영 성과를 기반으로 순위를 매겼는데, 스티브 잡스가 1위를 차지했다.

스티브 잡스는 1985년 자신이 만든 애플에서 쫓겨났다. 그리고 10여 년이 지난 1997년 거의 망가진 회사로 다시 돌아왔다. 스티브 잡스가 복귀한 뒤 애플은 기사회생에 성공했다. 스티브 잡스가 지휘

봉을 다시 잡은 12년 동안 애플의 시가 총액은 1,283억 달러로 높아졌는데 이를 우리 돈으로 환산하면 24조 원에 달한다. 이는 미국 기업 중에서 시가 총액 3위에 해당하는 성적표다.

반면 GE의 전 회장 잭 웰치Jack Welch, 마이크로소프트의 전 CEO 빌 게이츠William H. Gates와 현재 CEO 스티브 발머Steven Anthony Ballmer는 100위 안에도 들지 못했다. 이번 조사를 담당한 하버드 경영대학원 모튼 핸슨Morten Hansen 교수는 "잡지의 표지 모델로 자주 등장한다거나 단기 성과로 포장된 CEO가 아니라 정말 기업을 발전시키는 능력이 누구에게 있는지 살펴볼 수 있는 기회가 됐으면 한다."라고 말했다. 언론에 홍보를 잘하거나 과대 포장된 CEO들에 대한 환상을 깨라고 경고한 것이다.

이 조사에서도 알 수 있듯이 한때 스타 CEO였던 인물들은 어느덧 아날로그 시대의 유물로 전락했다. 그리고 지금까지 경영 교과서처럼 여겼던 톰 피터스Tom Peters의 『초우량 기업의 조건In Search of Excellence』이나 짐 콜린스Jim Collins의 『좋은 기업을 넘어 위대한 기업으로Good to Greate』에 나온 회사들 가운데 디지털 시대의 승자가 될 회사는 별로 없어 보인다.

디지털 시대의 전쟁에서 이기는 법을 아는 사람은 빌 게이츠도 아니고 잭 웰치는 더욱더 아니다. 스티브 잡스가 이끄는 애플의 아이폰이 크게 성공하면서 세계 경제의 흐름은 '스마트 경제'로 바뀌었다. 스마트 경제에서 승리의 방정식은 바로 스티브 잡스의 경영방식이다. "새 술은 새 부대에 담는다."라는 말처럼 스티브 잡스의 경영방식은 기업들의 새로운 교과서로 경영 수준을 한 단계 끌어올리는 역할을 하고 있다.

이른바 '잡스 효과Jobs effect'라 할 수 있는 이런 현상은 디지털 사회 전반에 영향을 미치고 있다. 창의성을 최고 가치로 여기면서 경영하면 다른 기업의 창의성도 높아지듯 고객도 잡스가 개발한 제품을 쓰다보면 지능지수가 10 정도 올라간 것처럼 느낀다. 이는 모차르트 음악을 들으면 창의성이 높아져 학습능력이 향상된다는 '모차르트 효과Mozart effect'와 유사한 현상이다.

스티브 잡스의 최대 발명품은 무엇일까? 아이팟? 아이폰? 아이패드? 모두 뛰어난 제품임은 분명하지만 앱스토어App Store야말로 가장 뛰어난 발명품이라고 분명하게 말할 수 있다.

아이팟, 아이폰, 아이패드는 애플의 제조기술로 만든 하드웨어이다. 그러나 앱스토어는 기업의 기술이 아니라 '고객 기술Customer technology'로 만들었다. 아이팟은 MP3플레이어고, 아이폰은 스마트폰,

아이패드는 태블릿 PC지만 앱스토어는 이 모든 기기에서 작동하는 고객 어플리케이션이 가득한 소프트웨어이다.

애플의 앱스트어는 잡스가 ‘어떻게 하면 고객의 창의성을 깨울 것 인가?’를 생각하면서 고객이 참여할 수 있는 온라인 장터로 만든 것 이다. 이 장터에는 20만 명의 외부 개발자가 만든 19만 개의 어플리 케이션이 올라왔고 이들은 30억 회나 다운로드되었다. 이 과정에서 발생한 수익은 상상을 초월할 정도다. 잡스는 분명 이전의 경영방식 과는 다른 새로운 경영모델을 만들어가고 있다.

잡스의 파격적인 행보를 두고 기업뿐만 아니라 많은 언론과 학자 가 주목하고 있다. 그중에서 런던 비즈니스 스쿨의 게리 하멜^{Gary Hamel} 교수는 “애플 경영의 가장 큰 특징은 오픈 이노베이션 플랫폼을 쓴 것이다. 스티브 잡스는 어떻게 하면 고객을 참신한 방법으로 경영 에 깊숙이 끌어들일지 생각하고 최고 아이디어를 고객에게서 얻는 다.”라고 했다.

스티브 잡스는 새로운 제품을 개발하면서 동시에 새로운 비즈니스 모델을 개발했다. 아이팟은 아이튠즈 뮤직스토어, 아이폰은 앱스토 어를 수익 파트너로 삼아 출격했다. 고객의 창의력을 거래할 수 있는 창의력 장터인 온라인 스토어 정책은 애플이 만든 제품에 날개를 달아주었다.

애플은 '아이폰 판매→앱스토어 이용→개발자 참여 확대→무선 인터넷 이용 증가→아이폰 구매 확대→어플리케이션 확대'라는 모바일 생태계의 선순환 구조를 만들었다. 또 애플은 단말기를 제조하지만 이동통신사업자, 어플리케이션 개발자와 이익을 나누는 새로운 비즈니스 모델을 만들어냈다.

애플의 새로운 비즈니스 모델은 어플리케이션을 개발하는 창의적인 독립개발자 '인디Indie'들에게 황금의 땅 엘도라도를 연상시켰다. 이른바 스마트 엘도라도라고 할 수 있는 앱스토어는 인디 같은 창의적인 개인 말고도 창의적인 기업에게 새로운 기회의 땅이 되고 있다.

엘도라도가 어떤 곳인가. 1848년 미국 캘리포니아에 있는 아메리칸 강 지류에서 금이 발견됐다는 소문이 돌았다. 그러자 너도나도 금을 캐려고 서부로 향했다. 골드러시Gold rush가 시작된 것이다. 소문은 사실이었다. 이곳저곳에서 금광이 발견되었다고 하니 사람들이 더욱 몰려들어 땅을 파기 시작했다.

그런데 일확천금의 기회는 금을 캐는 사람들에게만 있는 게 아니었다. 당시 금을 캐던 사람들의 옷은 거친 작업 때문에 해지기 일쑤였다. 이때 리바이 스트라우스Levi Strauss라는 사람이 금광에서 일하는 사람들이 입을 수 있는 질긴 바지를 만들어냈다. 만든 이의 이름을 딴 이 바지가 바로 '리바이스' 청바지이다.

스마트폰의 엘도라도에서도 수많은 리바이와 리바이스 청바지를 만날 수 있다. 각종 스마트폰 어플리케이션을 만드는 사람들이야말로 골드러시 때 금광 지역에서 청바지를 파는 사람들과 비슷하다. 하드웨어의 경쟁 속에서 새로운 기회를 찾은 이들이야말로 이 시대의 리바이이다.

애플은 고객 기술을 앱스토어에 끌어들이는 새로운 경영방식으로 최고 이익을 내고 있다. 그러나 사람들은 애플의 경영방식을 아직도 잘 모르는 듯하다. 스티브 잡스의 철저한 기밀주의 때문에 애플의 경영정보가 밖으로 잘 새어나오지 않기 때문이다. 그래서 우리는 모든 정보를 총동원해 애플의 경영방식을 분석하기 위한 퍼즐 맞추기를 시작했다.

이미 4년 전에 『스티브 잡스의 창조 카리스마』라는 책을 쓴 적이 있기에 이때부터 모아놓은 자료와 최근에 나온 아이폰 관련 책과 잡지, 신문 등을 뒤져 한데 모았다. 그리고 아이팟과 아이폰을 구매해 사용하면서 스티브 잡스의 생각을 상상하고 애플의 경영방식을 역추적해봤다.

이 과정에서 미처 알지 못했던 사실을 하나 깨달았다. 4년 전 스티브 잡스에 관한 책을 쓸 때는 잡스 개인의 창의력이 뛰어난 줄 알았다. 그러나 이번에 다시 분석해보니 애플에는 잡스 말고도 또 다른 창의적인 리더들이 있었다. 그리고 수십만 명에 달하는 창의적인 어플리케이션 개발자들이 있었다. 정점에 스티브 잡스의 창의력이 있다면 그 밑에서 피라미드 모양으로 애플의 리더들, 어플리케이션 개발자들의 창의력이 받쳐주고 있는 모양새이다.

4년 전 주목받았던 애플과 스티브 잡스를 왜 이 시점에서 다시 분석하느냐고 질문을 던지는 독자들도 있을 것이다. 아이폰이 우리나라에서 잘 팔렸기 때문에? 애플의 매출이 기하급수적으로 늘었기 때문에? 이 두 가지는 표면적인 이유일 뿐이다.

책을 집필하기 위해 자료를 정리하다가 "한국의 스티브 잡스가 되고 싶어요."라는 신문기사를 봤다. '시각장애인을 위해 색을 음으로 변환하는 장치'를 만들어 특허를 출원한 고등학교 1학년 박소연 양의 인터뷰 기사였다. 박소연 양은 인터뷰에서 가장 존경하는 기업인으로 스티브 잡스를 꼽았다. 그리고 "고객들이 필요로 하는 것이 무엇인지 미리 간파해 소통하는 능력을 배우고 싶다."라는 포부를 밝혔다.

어린 학생마저 현재 애플과 스티브 잡스에 왜 주목해야 하는지 정확하게 꿰뚫어보고 있다. 문제는 기업과 현장에서 열심히 일하는 개인이다. 스티브 잡스에 대한 예찬보다 그를 뛰어넘을 수 있는 창의적 사고법과 경영방식을 찾아야겠다는 생각이 들었다.

그래서 우리는 이 책을 통해 스티브 잡스의 창의성과 애플의 경영전략을 분석해 새로운 스마트 비즈니스 시대에 걸맞은 방법론과 경영방식을 정리하고자 했다.

스티브 잡스와 애플은 분명 우리에게 좋은 롤 모델이자 벤치마킹 대상이다. 그러나 극복의 대상이기도 하다. 사실 아이팟이 등장하면서 MP3플레이어 종주국이던 우리나라는 한순간에 변방으로 밀려났다. 그리고 지금은 아이폰 때문에 세계 스마트폰 시장이 요동치고 있다.

아이폰은 잡스의 DNA를 분석할 수 있는 도구임이 틀림없다. 잡스의 창의적인 방법론을 습득하고 애플의 전략을 연구한다면 전세를 역전할 기회를 잡을 수 있다. 잡스를 뛰어넘어 글로벌 시장에서 다시 경쟁력을 찾을 수 있다.

우리는 모두 변화기에 살고 있다. 새로운 기술과 새로운 기회가 오고 있다. 이 변화의 기회를 놓치지 말자.

2010년 6월

김영한, 류재운

CONTENTS

Part
06 **스마트 워크** 플레이스의
덴트 리더들

Part 01

마켓3.0 시대를 선점한
애플의 창조 DNA

아이폰이 세상을 바꾸고 있다. 그동안 애플 제품이라면 마니아들만 찾을 거라는 인식이 강했다. 하지만 이번 아이폰 열풍은 우리나라 산업 전반에 고강도 충격파를 안겨주었다. 마치 미몽에서 깨어난 것처럼 우리 기업들은 위기가 닥쳤다는 둥 이제야 신천지를 발견했다는 둥 한동안 요란을 떨었다. 혹자는 아이폰에 대한 기업들의 요란한 반응을 보고 굴욕적이라고도 했다. 한 디지털 기업의 제품이 우리 사회에 미치는 파문이 너무 크기 때문이다.

수많은 기업과 사람들이 경악한 이유는 도대체 무엇일까? 애플이 제품을 출시한 것이 이번이 처음은 아닐진대 새삼스레 신천지를 발견한 듯 호들갑을 떤 이유가 대체 뭘까? 아이폰의 등장은 개방이냐, 쇄국이냐를 놓고 논쟁하던 구한말을 떠올릴 만큼 수많은 화젯거리를 몰고 왔다. 산업 전반에 걸친 새로운 흐름을 두고 백가쟁명이 벌어지고 있는 것이다.

아이폰의 등장과 후폭풍은 이제 하드웨어가 아니라 소프트웨어 시대가 되었음을 보여주었다. 디지털은 기기의 영역이 아니라 일상에서 접하는 문화이자 정서가 된 것이다. 영화 〈아바타〉에서 3D 기술로 만들어진 배우가 사람처럼 연기한다고 해도 놀랄 일이 아닌 것처럼 말이다.

애플의 아이폰은 수많은 기업과 사람들에게 충격을 안겨준 동시에 영감도 가져다주었다. 틀에 박힌 생산라인에서 만들어진 제품처럼 규격화된 사고가 아니라 상상의 날개를 펼치면 그것이 이뤄질 수 있다는 믿음을 주었다. "꿈은 이루어진다."라는 주문은 이제 현실이 됐다.

무엇보다 아이폰은 굳게 닫힌 우리나라 무선인터넷 시장을 활짝 열게 한 당사자이다. 또 사용자들에게 디지털 세계의 무한한 확장성을 보장해준 공신이다. 방송통신위원회에서 나온 자료를 보면, 아이폰 출시 이후 모바일의 트래픽 규모가 120배를 넘었다고 한다. 그동안 사용자들이 모바일을 이용할 줄 몰라서 하지 않은 것이 아니다. 그만큼 답답한 무선통신시장의 환경에 짓눌려 있다가 아이폰의 등장으로 해방감을 만끽하고 있는 것이다.

아이폰은 이제 통제와 규제만으로는 시장을 지킬 수 없음을 보여주었다. 매뉴얼에 따른 꽉 막힌 사고보다 창의적인 사고가 21세기 비즈니스의 경쟁력이라는 사실을 깨닫게 해주었다. 또 역사의 뒤안길로 물러나야 할 비즈니스와 문화의 기존 룰을 대신하는 새로운 규칙과 환경을 발견하게 해주었다. 휴대전화 제조 기업들은 카메라 화소의 고급화나 슬림화 경쟁 같은 치열한 하드웨어 경쟁에서 소프트웨어와 문화의 중요성에 주목했다. 개인들도 지금껏 이동통신회사에서 제공하는 것만 받아써야 하는 처지에서 스스로 각종 어플리케이션을 찾아 휴대전화의 진정한 주인이 누구인지 명확하게 했다.

아이폰을 두고 괜찮은 스마트폰 하나가 등장했다는 정도로만 생각할 수 없다. 이제 아이폰과의 인연이 가져다준 또 한 번의 기회를 눈여겨봐야 한다. 작은 스마트폰 하나 때문에 나비효과가 일어나고 있음을 깨닫고 기업, 고객, 개인의 미래가 어떻게 달라지는지를 꿰뚫어봐야 한다.

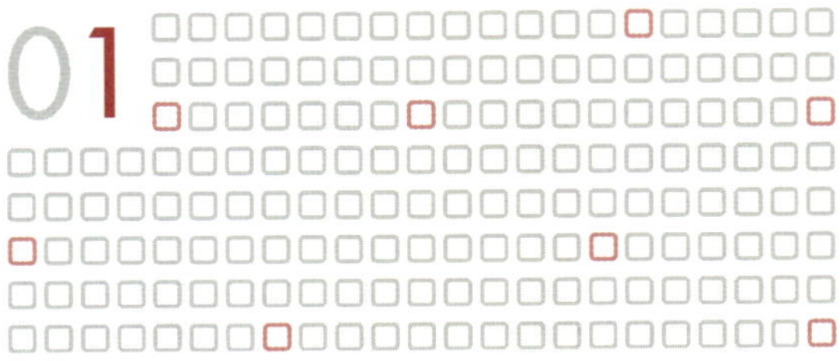

애플의 스마트폰이 세계를
열광시킨 결정적 이유

이제 웬만한 기업들은 '고객 중심', '고객 만족'이라는 모토를 '불조심'이라는 표어만큼이나 자연스럽게 사용한다. 그러나 기업 내부를 살펴보면 제품은 여전히 기업 중심적이다. 기업은 고객을 바라볼 때 고객이 아니라 철저히 기업 입장에서만 보려고 한다. 휴대전화 만드는 업체, 자동차 만드는 업체, 휴대용 음악기기 만드는 업체의 입장에서 고객을 대한다.

하드웨어를 만들어 공급하는 기업으로서 고객을 대하니 딱딱하게 굳은 머리로 매뉴얼과 절차에 따라서만 고객과 소통하려 든다. 이때 고객 중심이란 그저 서비스를 친절하게 하는 것이라고 여긴다. 그런데 친절만으로 고객들에게 새로운 가치를 줄 수 있을까? 또 매장에서 함박웃음으로 고객을 대할 때 고객도 해맑은 미소로 응답하면 그들이 좋은 고객이라고 할 수 있을까?

기업의 내부 조직도 고객보다는 기능 중심으로 되어 있다. 하드웨어를 만드는 부서와 소프트웨어를 만드는 부서가 따로 있다 보니 융합된 사고보다 제각각 목표 관리와 효율만 추구한다. 그러다 보니 부서마다 서로 다른 목표를 추구하지만 고객들은 대부분 그렇게 다양한 목표를 추구하지 않는다.

고객은 복잡하게 생각하며 제품을 고르지 않는다. 자신이 원하는 기능이나 서비스를 제대로 충족하는지 꼼꼼히 따질 뿐이다. 실제로 점점 더 복잡해지는 디지털 기기의 성능을 처음부터 제대로 이해하고 사용하는 사람은 많지 않다. 사용하면서 자연스럽게 익힐 뿐이다. 그런데도 기업들은 곧바로 재활용 수거함에 들어갈 두꺼운 사용설명서를 동봉한 제품을 내민다.

제품의 진화 과정도 하드웨어적 사고방식에서 크게 벗어나지 않는다. 휴대전화를 예로 들어보자. 휴대전화의 기본 기능은 당연히 통화하는 것이다. 벽돌만 한 크기에 통화품질이 형편없었던 때와 비교하면 지금은 집전화보다 낫다는 생각이 들 때가 많다. 그만큼 기술은 눈부시게 발달했고, 휴대전화 제조업체의 수준도 상향 평준화되었다.

휴대전화 제조업체는 상향 평준화 뒤 기술력 경쟁으로 치달았다. 그러다 카메라 화소 경쟁, 슬림화 경쟁 등 테크놀로지 전쟁에 휘말린 업체들은 디자인 경쟁으로 전장을 옮겨갔다. '감성경영'으로 고객들과 교감하겠다는 의지의 표현이기도 했다.

사실 디자인을 통한 감성경영이 새삼스러운 것은 아니다. 하드웨어만 가지고는 고객을 붙잡아둘 수 없다는 것은 이미 확인되었다. 이는 애플의 아이팟이 출시되자 글로벌 시장에서 일거에 무너진 국내 MP3플레이어 업계를 보더라도 알 수 있다. 당시 국내 제품들은 기능으로만 따지면 세계 최고 수준이었기에 단순히 하드웨어만 비교할 경우 아이팟보다 월등했다. 그러나 애플 고유의 심플한 디자인은 부족한 하드웨어 부분을 상쇄하고도 남았다.

뒤늦게 디자인의 비즈니스 가치를 깨달은 국내 기업들은 디자인을 우선시하고 이에 맞춰 기능을 설치하기 시작했다. 주로 흰색이나 검은색에 투박하기까지 했던 국내 제품들은 세련된 모양과 다양한 색으로 탈바꿈했다. 그러나 디자인에 주목했다고 해서 하드웨어 중심 사고가 바뀐 것은 아니다.

풀 스크린 터치폰까지 나온 휴대전화는 정작 통신의 본질과 사용자의 정서를 무시했다. 휴대전화는 어찌 보면 손 안의 통신 허브이다. 단지 음성과 문자로 통화하는 것이 아니라 말 그대로 이동하면서 모든 통신을 할 수 있다. 실제로 이를 뒷받침할 수 있는 기술이나 인프라는 만들어져 있다. 그런데 현실은 어떤가. 아이폰이 들어오기까지 휴대전화로 무선인터넷을 이용하는 것은 사치스럽게 여겨졌다. 무료로 무선인터넷에 접속할 수 있는 무선전송 시스템인 와이파이Wi-Fi를 이용할 수 없었던 것은 기술력이 부족해서가 아니었다. 통신 영역은 확대되는데 휴대전화의 와이파이 이용은 기업의 논리에 따라 제한을 받은 것이다.

그렇지만 이제 디지털 통신 시장에 큰 변혁의 조짐이 엿보인다. 고객들은 기업이 만들어놓은 시장의 룰을 깨려고 한다. 제한된 기능만 사용할 수 있는 기존의 피처폰은 고객들이 누릴 수 있는 권리의 폭을 제한하는 것이나 다름없었다. 돈을 주고 샀지만 진정 내 것이라고 하기엔 뭔가 억울한 구석이 있었다.

디지털 세계는 무한확장을 거듭하고 있다. 그래서 기업이 쳐놓은 울타리 안에서 옴짝달싹 못하게 갇혀 있고 싶어 하는 고객은 갈수록 줄어들고 있다. 애플은 바로 이런 고객의 정서를 알았기에 아이폰을 만들어낼 수 있었다. 아이폰은 단말기 자체로만 본다면 혁신적이라 할 수 없다. 깔끔한 디자인이야 애플의 전매특허지만 그렇다고 해서 과거처럼 애플이 시장을 압도할 정도는 아니었다. 오히려 그동안 묶여 있던 족쇄, 즉 무선인터넷과 수많은 어플리케이션을 고객 스스로

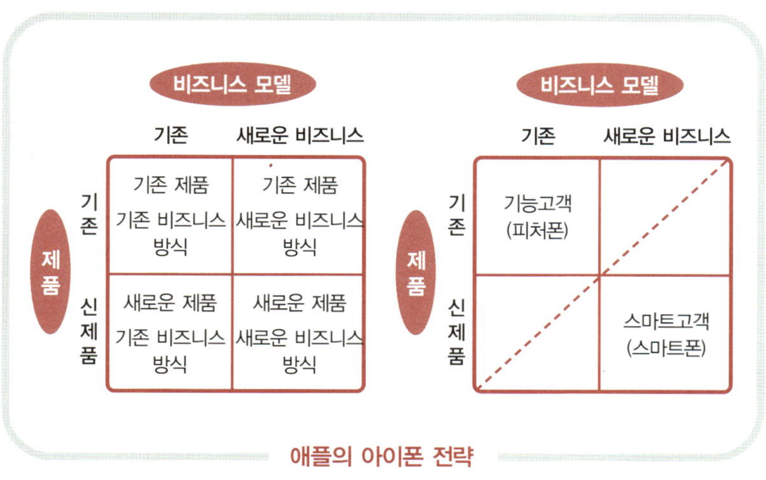

애플의 아이폰 전략

선택할 수 있다는 점에서 환영받았다.

그런데 룰을 깨고 뛰쳐나간 고객이 기업에게 '위험한 존재'이기만 할지 한번 따져보자. 상대적으로 싼 가격에 피처폰을 사서 음성통화 위주로 사용하는 고객과 제 가격을 주고 스마트폰을 사서 데이터 통신과 어플리케이션을 꾸준히 구매하는 고객 가운데 누가 더 도움이 될까? 요금이 어떻게 빠져나가는지도 몰라 휴대전화를 조심조심 사용하면서 추가 지출을 막으려는 고객과 구매 의사를 적극적으로 밝히며 날마다 새롭게 올라오는 어플리케이션을 쇼핑하는 스마트한 고객 가운데 누가 더 이익을 가져다줄까? 애플은 스마트한 고객을 선택하고 스마트폰을 만들었다.

애플은 스마트한 고객들의 주도로 무한확장을 꾀하는 스마트폰 시장을 주목했다. 이 시장에서는 기업이 애써 시장을 키우기보다 고객 스스로 시장을 확장해나가는 비즈니스의 이상향이 실현되고 있다. 이 상향을 발견한 애플은 또다시 아이팟처럼 후발주자임에도 시장의 판도를 뒤흔들어놓고 있다. 이제 제품은 피처폰에서 스마트폰으로, 주도권은 기업에서 고객으로 넘어가는 시대가 왔다.

우주에 흔적을 남긴 제품,
아이폰

퍼스널 컴퓨터를 만들던 애플이 아이팟에 이어 휴대전화 시장으로 진출한다는 소문은 꽤 오래전부터 나돌았다. 아이팟 성공에 고무된 애플 마니아들은 기존의 휴대전화 단말기와 색다른 휴대전화를 오매불망 기다렸다. 그런데 처음부터 애플이 제품을 단독으로 출시하려고 한 것은 아니다.

아이팟의 대성공으로 디지털 부문에 장인 기질을 보인 애플에게 먼저 휴대전화를 만들자며 접근한 업체는 바로 모토로라다. 모토로라도 레이저RAZR의 성공으로 한껏 기세가 올랐던 터라 이참에 경쟁자들을 제치기 위해 애플에게 차기 모델을 제휴 개발하자고 제안한 것이다. 이에 애플은 아이팟 성공의 일등공신인 아이튠즈를 탑재한 휴대전화를 만들기로 합의했다.

그러나 모토로라는 애플의 기대를 충족시켜주기에는 한계가 있었다. 애플이 보기에 레이저의 후속 모델인 로커ROKR의 부진 원인은 판매방식 때문만이 아니었다. 애플은 로커의 무미건조한 디자인과 세련되지 못한 유저 인터페이스에 질려버렸다. 디자인과 유저 인터페이스는 애플의 고집이자 최고 장점이었기 때문에 이를 충족시켜주지 못하는 모토로라는 제휴 상대가 될 수 없었다.

애플에게 휴대전화 단말기를 만드는 기술력은 장애물이 되지 못했다. 스티브 잡스를 비롯한 애플의 인재들은 지금까지 시장을 지배해온 휴대전화와 전혀 다른 디자인과 콘셉트를 설정하고 독자적으로 개발에 들어갔다. 그리고 휴대전화 단말기의 또 다른 파트너인 이동통신기업과 제휴에 나섰다. 미국 내 이동통신시장 1위 업체인 버라이존은 애플의 휴대전화 시장 진출에 시큰둥해했으나 나중에 AT&T와 합병하는 2위 업체 싱귤러는 긍정적인 반응을 보였다. 이미 6,000만 명이 넘는 가입자를 보유한 싱귤러는 이동통신시장을 뒤흔들 기회를 호시탐탐 노리고 있었다.

1위 기업이 안이한 것은 과거와 현재에 매몰되어 있기 때문이다. 버라이존은 단말기로서 아이폰을 과소평가했을지 모른다. 아이폰이 가져다줄 후폭풍을 미처 깨닫지 못하고 아쉬울 게 없다는 태도를 보였다. 애플은 버라이존을 대신해 냉정한 승부사 기질을 보인 싱귤러를 선택했다.

당시만 해도 오만한 1인자였던 버라이존이 보기에 이들 2인자의 조합은 그다지 위협적이지 않았을 수 있다. 그러나 이 둘의 조합은 기존의 시장 판도를 뒤흔들고도 남을 만한 성과를 보여주었다. 이들의 제휴는 2010년 밴쿠버 동계올림픽 여자 피겨스케이트 부문에서 금메달을 딴 김연아와 브라이언 오서 코치의 조합을 떠올리게 한다.

김연아가 브라이언 오서 코치를 만나기 전에는 확고부동한 세계 1위는 아니었다. 브라이언 오서 코치 역시 현역 시절 은메달은 두 번 땄지만 정작 금메달은 따지 못한 2인자였다. 하지만 둘은 역대 최고 성적을 올릴 수 있었다. 그전까지 한 번도 메달은커녕 이렇다 할 성적조차 내지 못한 우리나라 여자 피겨스케이트가 세계 1위로 우뚝 선 것은 2위들의 유쾌한 반란 덕분이었다.

싱귤러와 제휴를 맺은 애플은 휴대전화를 만들되 단말기 제조업체로서 지위를 새롭게 하려는 것이 목표가 아니었다. 애플은 하드웨어 공급업체를 뛰어넘는 비전을 가지고 있었다. 싱귤러에게 제휴 조건으로 제시한 것을 보면 애플이 바라보는 휴대전화 비즈니스의 윤곽을 알 수 있다. 애플이 제시한 조건은 다음과 같다.

- 애플은 단말기 개발의 모든 권한을 가진다.
- 웹서핑을 비롯한 기타 소프트웨어도 애플의 소프트웨어 기반에서 작동돼야 한다.
- 통신료 매출액도 애플과 나누어야 한다.
- 단말기 로고와 디자인은 애플이 담당한다.
- 개발이 완료될 때까지 모든 과정은 기밀에 부친다.

애플의 이러한 요구는 이동통신시장에서는 일찍이 사례가 없었다. 단말기 업체는 이동통신회사의 요구에 맞춰줘야 하는 등 둘의 관계는 일방적일 때가 더 많았다. 그러나 싱귤러의 CEO 스탠 시그먼Stan Sigman은 음성통신만으로 매출을 올리던 시대가 끝났음을 간파했다. 그리고 어플리케이션을 사용하는 데이터통신과 스마트폰의 대중화 등 다양한 부가가치를 창출해 새로운 성장 동력으로 삼아야 할 시기라고 판단했다. 그로서는 애플의 제안을 거부할 이유가 없었다.

싱귤러와 제휴하는 과정에서 스티브 잡스는 아이디어 스케치 하나만으로 비즈니스를 성사시켰다. 제갈공명이 조조의 대군을 맞아 오나라에게 동맹을 제휴할 때 화살 만들 재료도 없으면서 화살을 10만 개나 준비하겠다고 주유에게 장담한 것이나 마찬가지였다.

주유를 비롯한 동맹군 장수들에게 호언장담한 제갈공명은 짚으로 덮은 빈 배 몇 척을 끌고 조조 진영으로 향했다. 안개가 자욱한 강을 항해하여 조조의 수군에게 다가간 제갈공명은 기습공격을 하는 것처럼 꾸몄다. 그러자 조조 진영에서는 화살세례를 퍼부었다. 엄청난 화살세례가 끝난 뒤 제갈공명은 유유히 자신의 진영으로 돌아왔다. 그리고 주유에게 짚단에 고스란히 박혀 있는 화살 10만 개를 보여주었다. 이후 적벽대전이라 불린 전투에서 조조의 위세에 눌려 있던 오와 촉은 승리를 거둔다.

스티브 잡스는 적벽대전의 21세기 판을 보여주었다. 실체도 없고 당장 준비된 것도 없었지만 아이디어 하나로 제휴를 성사시켰다. 그리고 서비스 수익을 나눠 갖는 조건으로 싱귤러에게 애플의 새로운 휴대전화 단말기 독점 판매권을 보장해주었다. 이제 본격적인 스마트 전쟁에 사용할 무기를 제대로 확보하는 일만 남았다.

애플의 새로운 무기는 스포트라이트를 받으며 등장했다. 2007년 1월 라스베이거스에서 열린 세계 최대 가전쇼 'CES 2007'에서 애플은 혁신적 제품을 선보였던 전통을 배신하지 않았다. 아니 그때까지 선보인 혁신적 제품보다 더 주목받는 제품을 공개했다. 공개 전부터 많은 기업과 사람들의 주목을 끈 아이폰이 드디어 전 세계에 모습을 드러냈다.

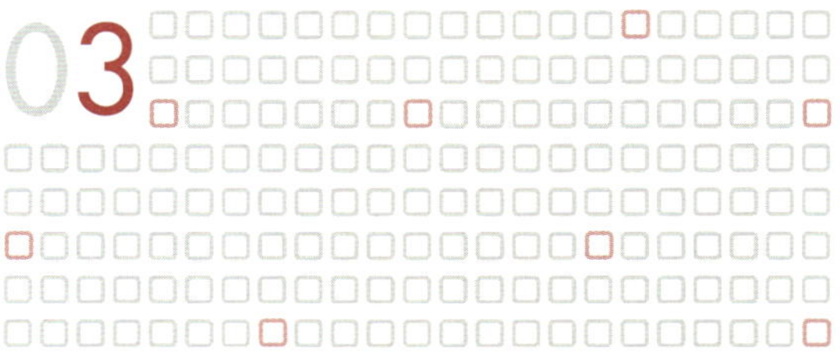

스마트 전쟁의
시작

스티브 잡스는 늘 그렇듯이 아이폰을 세상에 선보일 때도 적절한 유머와 핵심적인 메시지를 섞어서 사람들의 이목을 끌었다. 스티브 잡스는 초롱초롱한 눈으로 자신을 바라보는 청중을 향해 명쾌하게 아이폰의 정체성을 설명했다.

그는 디지털 기기의 미래를 보여주는 세 가지 아이콘을 하나씩 보여주었다. 무대 위의 화면에는 와이드 스크린을 채용한 아이팟과 전화, 애플의 웹 브라우저인 사파리가 차례로 떴다. 스티브 잡스는 이 세 가지가 각각 다른 물건이 아니라고 했다. 이 셋을 하나로 합친 것이 바로 아이폰이라고 선언했다.

아이폰이 등장하기 전에 스마트폰이 없었던 것은 아니다. 미국의 오바마Barack Hussein Obama 대통령 덕분에 유명해진 블랙베리나 트레오 등 '손 안의 작은 PC'는 이미 상용화돼 있었다. 그러나 기존의 스마트폰은 스티브 잡스의 말대로 전혀 스마트하지 않았다.

제품 전면을 절반 가까이 차지하는 고정된 키패드는 답답하고 고루했다. 이런 디자인은 무한확장의 디지털 세계에 반하는 것이었다. 그리고 새로운 기능을 개발했다 해도 이를 구현할 수 있는 버튼을 레고 블록을 갖다 붙이듯 더 장착할 수도 없었다. 좁은 화면과 제한된 기능은 스마트폰이 전혀 스마트하지 않다는 점을 확실히 보여주었다.

아이폰은 스마트폰이라는 명칭의 본래 의미를 되찾게 한 제품이다. 그리고 모든 스마트폰에게는 일종의 롤 모델이 됐다. 손가락으로 화면을 늘였다, 줄였다 하는 멀티 터치와 고해상도로 인터넷 서핑을 즐길 수 있는 기능을 갖춘 아이폰은 보기에만 그럴싸한 제품이 아니었다. 음성과 데이터를 포괄하는 스마트한 통신기기인 아이폰은 그야말로 손 안의 작은 컴퓨터였다.

스티브 잡스는 예전에 아이팟을 출시하면서 맥Mac 컴퓨터로 상징되는 자사의 제품 영역을 확대했다. 그리고 아이폰을 출시함으로써 애플은 한 발 더 나아갔다. 기발한 아이디어로 주력 제품인 컴퓨터를 만드는 도중에 어쩌다가 디지털 제품을 만들어낸 것이 아니다. 애플은 아이폰을 출시하면서 종합 디지털 가전 시장에 본격적으로 뛰어들겠다는 신호탄을 쏘아 올렸다.

스티브 잡스는 아이폰을 선보이던 날, "오늘부터 '애플컴퓨터사Apple Computer Inc.'가 아니라 '애플사Apple Inc.'로 사명을 바꾸기로 결정했다.”라는 선언도 함께 했다. 또 아이스하키 선수인 웨인 그레츠키 Wayne Douglas Gretzky가 “나는 아이스하키 퍽이 어디에 있는지가 아니라 어디로 갈지를 생각하고 경기한다.”라고 말한 것을 인용하면서 애플이 지향하는 정신이 무엇인지 사람들에게 뚜렷이 밝혔다.

애플과 스티브 잡스는 프레젠테이션에서 호기롭게 선언했듯 아이폰으로 단지 휴대전화 시장에만 신흥 강자로 등장한 것이 아니다. 그들은 본격적인 전쟁을 선포했다. 전쟁 대상은 기존의 휴대전화 단말기 제조업체뿐만 아니었다. 이동통신사업을 하는 기업들도 자신들의 의도와 무관하게 전장으로 끌려 들어갔다.

애플은 전장에서 확실히 주도권을 장악해 자신들의 룰에 따라 전쟁을 치러나갔다. 아이폰이 등장하기 전까지 스마트폰으로 할 수 있는 서비스는 극히 미미했다. 그런데 이제는 이동통신서비스 말고도 금융, 포털, 교통 서비스까지 아이폰에서 쓸 수 있는 어플리케이션을 제공한다. 관련 서비스를 하는 기업들은 일부만 능동적으로 서비스할 뿐 대부분 고객들의 빗발치는 요구 때문에 부랴부랴 어플리케이션을 서비스하느라고 정신이 없다. 모두 애플이 짜놓은 판 위에서 갈팡질팡하는 것이다.

이렇듯 전선은 복잡하게 전개되면서 갈수록 확대되고 있다. 아이폰의 공습으로 촉발된 전쟁에는 미국은 물론 유럽, 일본, 중국 등 전 세계가 휘말려 있다. 우리나라만 하더라도 아이폰은 출시된 지 열흘도 안 돼 휴대전화 시장을 5%나 점유했다는 결과가 나왔다. 열흘 만에 시장 점유율 5%라는 것은 삼성과 LG로서는 안방을 내준 것이나 다름없다.

시장을 전쟁에 비유하는 것이 어제오늘의 일은 아니다. 비즈니스 전쟁은 지금 이 순간에도 계속되고 있다. 시장의 전 영역에서 치열한 다툼이 일어나고 있다. 이 와중에 아이폰의 공습은 유난히 눈에 띈다. 전쟁은 이제 기업끼리 경쟁하거나 동종업계끼리 사투를 벌이는 양상을 넘어섰다. 고객이 전쟁에 뛰어들었고, 다른 업종도 이 전쟁에 휘말렸다.

아이폰의 등장은 기존의 휴대전화 제조업체와 이동통신사업자들에게는 진주만 공습과도 같았다. 이들 업체는 아이폰이 위협적인 존재임을 감지했지만 어떻게 공격할지, 공격양상이나 충격파가 어떨지 알 수 없었다.

이들은 아이폰 출시가 임박했을 때까지도 애써 신흥 라이벌을 무시했다. 애플이 아무리 아이팟 신화를 만들어냈다고 하지만 휴대전화 시장에서는 수준 높은 하드웨어 경쟁이 승부를 가른다. 그래서 기존 업체들은 아이폰에 열광하는 이들을 반짝하는 팬들의 소동 정도로만 치부했고, 아이폰이 하드웨어 경쟁이라는 기존의 탄탄한 시장 질서를 쉽사리 무너뜨리지 못할 것이라는 안일한 예측에 빠졌다.

그러나 공습을 단행한 아이폰은 제2차 세계대전 때 독일군이 탱크를 앞세워 전선을 마구 돌파하던 것처럼 종횡무진 전장을 휩쓸고 다녔다. 전운이 감돌던 전선에서 정작 공격의 포문이 열리자 기존의 단말기나 이동통신기업들은 우왕좌왕했다.

아이폰의 공습은 단발로 끝나지 않을 것이다. 애플은 철저히 전쟁의 룰을 지배하고 있을 뿐만 아니라 2차, 3차 공격을 벌이며 무한한 전력을 보여주고 있기 때문이다. 무엇보다 전쟁의 참관자이자 심판이라 할 수 있는 고객이 아이폰과 애플 편에 서 있다.

2007년 벽두에 출시된 아이폰이 우리나라에는 2009년의 끝자락이돼서야 들어왔지만 그 열풍은 언론에서 대서특필했듯이 엄청났다. 그만큼 고객들은 아이폰을 기다린 것이다. 국내의 휴대전화 시장은 후끈 달아올랐고 스마트폰 시장은 순식간에 확장됐다. 휴대전화 제조업체들은 스마트폰 개발에 박차를 가했고, 국내 이동통신업체들은 또 다른 스마트폰 모델을 도입해 아이폰에 대항하고 있다. 기존 업체들은 안전지대에서 벗어나 치열한 스마트 전쟁의 소용돌이에 빠진 것이다.

아이폰과 이에 대항하는 구글, MS, 삼성, 노키아 등 여러 업체와의 경쟁은 한순간 반짝할 이슈가 아니다. 스마트폰이라는 기종만 두고 경쟁이 벌어지는 것이 아니라 무선인터넷 인프라와 관련 비즈니스까지 들썩이기 때문이다. 경제계만 야단법석이 아니라 정치권, 시민단체까지 아이폰으로 촉발된 무선인터넷의 부가가치와 IT 비즈니스의 미래에 대한 논쟁에서 목소리를 높이고 있다.

애써 아이폰과 애플을 무시하던 업체들은 뒤늦게 스마트폰을 출시했지만 여전히 전장의 주도권을 빼앗는 데 어려움을 겪고 있다. 스마트 전쟁에서 이길 수 있는 필승전략이 어디에 있는지 찾지 못했기 때문이다.

아이폰은 고객과 관계 맺기에서도 남다른 면을 보여주고 있다. 중간에 이동통신사업자를 두고 고객과 소통하는 것이 아니라 앱스토어 등을 통해 고객과 직접 동맹을 맺고 있기 때문이다. 바로 이 점이 다른 스마트폰 제조업체의 공격에도 아이폰이 끄떡없는 비결이다. 다른 제조업체들이 아이폰보다 더 좋은 운영체제, 하드웨어 성능 등을 내세우며 연일 아이폰 때리기를 하면서도 쉽게 아이폰을 공략하지 못하는 이유는 바로 고객과 소통하는 능력이 부족하기 때문이다. 아이폰의 장벽은 어떤 난공불락의 요새보다 더 견고하고 높다.

어쨌든 스마트 전쟁은 점점 더 격화되고 있다. 하드웨어 경쟁력이 월등하다고 자부하던 기업들은 아이폰의 위력에, 똑똑한 스마트폰에 열광하는 고객들의 반응에 화들짝 놀라 앞 다퉈 스마트폰을 내놓고 있다. 이 전쟁에서 누가 과연 최후 승자가 될까? 예측하기가 쉽지 않지만 분명한 것은 고객들이야말로 이 전쟁의 최대 수혜자라는 것이다.

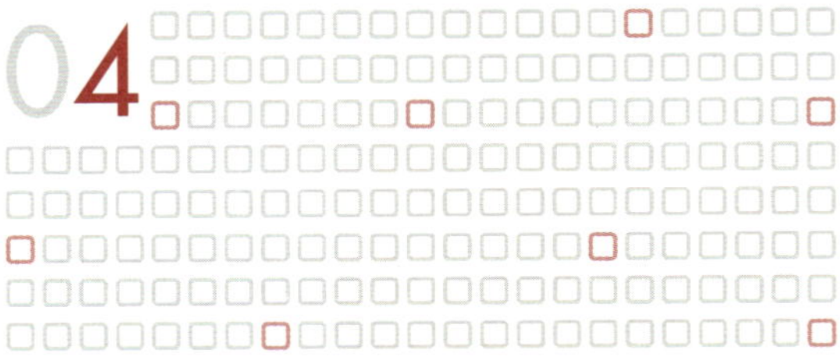

스티브 잡스의
창조 DNA

세상에는 수많은 광고 메시지가 떠돌아다닌다. 텔레비전, 신문은 물론 한밤중에 날아오는 휴대전화 메시지까지 광고 메시지는 홍수처럼 밀려온다. 휴대전화 광고도 마찬가지다. 하루가 다르게 신제품이 쏟아져 나오는 마당에 특정 기업 제품이 고객에게 선택받는 것은 궁녀가 하염없이 왕의 간택을 기다리는 것이나 마찬가지다.

수많은 경쟁을 뚫고 고객 마음에 자리 잡기 위해 여러 가지 방법이 동원되는데, 그중에 미국 스탠포드 대학 칩 히스Chip Heath 교수의 '스틱Stick 메시지'라는 것이 있다.

'착 달라붙는다'는 뜻의 스틱이라는 개념을 도입한 칩 교수는 고객 머리에 쏙 들어가는 메시지를 개발해야 한다고 주장했다. 그리고 여섯 가지 성공법칙이 메시지에 녹아 들어갔을 때 고객 머릿속에 뚜렷한 메시지를 줄 수 있다고 했다. 이 여섯 가지는 단순성, 의외성, 구체성, 신뢰성, 감성, 스토리이다. 그런데 아이폰에서 이 여섯 가지를 발견할 수 있다.

단순성 Simplicity

사람들은 최신 휴대전화나 전자기기를 구매한 뒤 포장박스를 개봉하면서 잠시 멈칫거릴 때가 있다. 두툼한 사용설명서가 들어 있기 때문이다. 아니나 다를까, 설명서를 대충 훑어보니 복잡하기 그지없다. 첨단 성능을 갖춘 최신 기기라고 해서 샀지만 정작 사용하려니 머리가 복잡해서 싫다. 한 조사에 따르면 제품 환불 요청 원인 가운데 절반가량이 '사용법을 알기 힘들어서!'라고 한다.

스티브 잡스가 예전에 아이팟을 만들 때였다. 그는 다양한 기능과 고사양의 성능을 복잡하게 구현하는 것에는 관심이 없었다. 오로지 '고객이 어떻게 하면 쉽게 사용할 수 있을까?'라는 화두만 붙잡고 있었다. 잡다한 기능을 집어넣은들 고객들은 그저 음악을 듣는 본래 기능에 대한 만족도가 우선일 것이라고 생각했기 때문이다. FM 라디오 수신 기능이나 음성녹음 같은 부수 기능의 활용 빈도가 그다지 높지 않다면 이는 철저히 공급자 시각에서 만들어진 제품이라는 의미이다.

이렇듯 아이팟을 비롯한 애플 제품의 디자인 철학은 바로 '단순성'이다. 이 단순성은 기술적인 능력이 부족해서 궁여지책으로 내세운 변명거리가 아니다. 단순성은 복잡할 대로 복잡해진 기술을 전문

지식이 없는 일반인도 쉽게 이해할 수 있도록 만드는 것을 뜻한다.

스티브 잡스는 아이폰을 소개하는 프레젠테이션을 할 때 독설의 대가임을 유감없이 보여주며 기존의 스마트폰에 붙어 있는 버튼을 마음껏 조롱했다. 사람들이 기능 하나를 실행하려면 단축키도 외워야 하고 이것저것 순서대로 눌러야 하는 '21세기 최첨단 기기'의 우스꽝스러운 현실을 조롱했다. 그리고 아이폰을 소개하면서 복잡한 사용법을 외울 필요 없이 그저 손가락만으로 직관적으로 이용하는 쇼를 보여주었다. 그 쇼는 아주 성공적이었으며 사람들은 또 한 번 애플이 추구하는 '단순함의 미학'을 즐길 수 있게 되었다.

의외성 Unexpectedness

아이폰의 깔끔한 디자인은 애플 제품을 써본 사람일수록 예상했던 기대수준일 수 있다. 그리고 풀 터치스크린은 전혀 새로울 것이 없었다. 기존의 피처폰에서도 이미 채용한 것이기 때문이다. 그러나 아이폰의 스크린에 손가락을 대는 순간 사람들은 감탄사를 연발했다. 아이폰 화면에 손가락을 올리니 지금껏 경험한 것과 색다른 느낌이 들었다.

사람들은 아이폰의 터치스크린에서 느낄 수 있는 가벼운 터치감과 빠른 반응에 놀랐다. 기존의 피처폰에서 경험했던 터치 기능과는 사뭇 달랐다. 그때까지 터치스크린은 저항막 방식으로 손톱이나 펜으로 터치해서 작동하는 방식이었다. 그러나 정전압 방식으로 터치를 인식하는 아이폰은 손가락만 화면에 대도 아이콘이 부드럽고 빠르게 움직였다. 게다가 손가락 두 개를 대고 지도를 늘이고 줄이는 멀티 터치 기능은 이제 더는 SF영화의 한 장면이 아니었다.

아이폰의 부드러운 터치감과 멀티 터치 기능은 '익숙하면서도 의외'라는 인상을 준다. 이와 같이 이미 익숙해진 것이라도 새로운 의외성을 부여하는 방식으로 애플은 고객이 차별화를 체험하게 해주었다. 예전에 아이팟이 MP3플레이어의 기본 특성을 보여주면서도 휠 방식의 조작법을 채용해 의외성을 가져다준 것을 떠올리게 한다.

이처럼 기존 시장에 진입하는 후발주자일수록 의외성을 갖출 수 있다면 고객들에게 상당히 어필할 수 있다. 더군다나 익숙하면서도 의외성이 있다는 것은 고객이 쉽게 받아들일 수 있는 새로운 것이라는 의미다. 아무리 최첨단이고 혁신적이어서 궁극의 새로움을 보여준들 사용하는 사람이 제대로 이해하지 못하면 괜한 거부감마저 들게 한다. 그러나 친숙한 의외성은 분명 플러스알파 요인이 된다.

구체성 Concreteness

고객들은 자신이 돈을 지불하고 구매한 것에 기대를 많이 한다. 구매 이유를 충족하고 싶은 것은 당연한 욕구이다. 이런 기대요건을 구체적으로 충족시켜줄 때 제품이나 서비스는 호평을 받으면서 '고객충성도'까지 확보할 수 있다.

제품이나 서비스 공급자가 제아무리 최고 제품이라고 강조해도 '보기에만 좋은 떡'에 불과하다면 아무 소용이 없다. 휴대전화의 무선 데이터 서비스가 대표적 사례이다. 무선 데이터 서비스가 제아무리 유용하고 광범위하게 데이터를 제공한다 해도 쉽게 이용할 수 없었다. 무자비한 요금폭탄을 맞을 수도 있기 때문이다.

아이폰은 보기 좋은 떡을 직접 맛볼 수 있게 해줬다. 그동안 그림의 떡인 무선인터넷 서비스에 만족할 수 없었던 고객들은 아이폰 덕분에 이를 마음껏 즐길 수 있게 됐다. 인터넷을 무료로 쓸 수 있는 와이파이 기능을 지원하는 아이폰은 대용량 동영상 서비스를 부담 없이 이용할 수 있게 했고, GPS 기술을 활용한 증강현실 기능이나 위치 관련 서비스까지 활용의 폭을 더욱 넓혔다. 이로써 사용자들은 새로운 스마트폰의 효과를 구체적으로 느낄 수 있어서 만족도는 배가되었고 폭발적인 유행을 불러왔다. 최고 하드웨어라는 표어만 막연하게 내세우고 브랜드 파워만 앞세운 다른 제품들과는 달랐다. 아이폰 사용자들은 많은 어플리케이션 중에서 자신이 원하는 것만 골라 사용하면서 구체적인 체험을 만끽했고 기꺼이 애플의 팬이 됐다.

신뢰성Credibility

아이폰의 어플리케이션이 다양한 것은 이미 출시된 아이팟과 동일한 OS를 사용한 덕분이다. 아이팟과 동일한 플랫폼을 사용하기 때문에 아이폰은 출시하자마자 이미 사용 중인 여러 어플리케이션을 선보일 수 있었다. 그리고 아이폰은 3G 모델에서 3GS로 업그레이드해도 어플리케이션의 플랫폼이 바뀌지 않기 때문에 개발자 역시 애플을 신뢰하고 계속 개발할 수 있다.

후속 모델이 나왔다고 기존 모델 사용자들이 관련 어플리케이션을 사용하지 못하게 막는 일부 기업의 행태와 비교해보면 애플의 이런 정책은 도드라져 보일 수밖에 없다. 새로운 모델이 나오면 울며 겨자 먹기로 모델을 바꿔야 했던 억울함을 다소 해소해준 것이다.

개발의 신뢰성은 아이폰의 가치를 더욱 높였다. 그리고 고객도 안정적이고 검증된 플랫폼에서 개발된 어플리케이션과 아이폰에 신뢰를 보낼 수 있었다. 다양한 분야에서 수많은 어플리케이션이 쏟아져 나왔고 고객은 입맛대로 고르는 재미에 푹 빠졌다.

고객과 개발자들의 탄탄한 신뢰를 받고 있는 애플의 앱스토어는 타의 추종을 불허하는 마켓 규모를 보여준다. 경쟁업체에서 뒤늦게 만든 앱스토어 규모보다 최소 일곱 배에서 최대 수백 배에 달하는 애플의 앱스토어는 빠른 속도로 성장하고 있다. 실제로 수많은 기업이 고객과의 관계 설정에서 '지속적인 유대'를 강조한다. 그러나 현실은 사뭇 다르다. 기업이 고객과 지속적으로 유대를 맺기보다 먼저 고객에게 안녕을 고할 때가 있다. 공급자 위주 시장에서는 기업이 아쉬울 게 하나도 없다. 그러나 갈수록 시장 개방의 폭이 넓어지고 고객에게 선택의 자유가 많아지는 요즘에는 상황이 달라졌다. 이제는 기업의 일방통행이 통하지 않는다. 오히려 고객의 적극적인 저항에 부딪혀 고전하기 십상이다.

감성 Emotion

애플의 장점은 뛰어난 제품 성능 못지않게 디자인 감각이 탁월하다는 것이다. 애플의 감성적 디자인은 사소한 것 하나까지 신경 쓴다. 흰색 이어폰은 한때 아이팟의 상징이었다. 그리고 깔끔하고 단순한 디자인에 흰색은 애플의 아이콘이 되었다. 이런 애플의 아이콘은 제품을 사용하는 고객들에게도 '패셔너블하고 유행을 이끄는 트렌드세터'라는 이미지를 부여했다.

21세기 비즈니스에서 디자인이 부차적 영역이 아니라 전략적 고려 대상이라는 것은 이제 상식이다. 그 상식을 만들어낸 것이 애플이 아닌가 한다. 이런 애플의 감성은 단지 제품에만 머물지 않았다. 애플은 제품을 담는 박스와 포장까지도 세밀하게 디자인했다. 이런 애플의 감성이 표출된 제품과 포장박스 디자인은 수많은 사람들이 볼 수 있는 개인 블로그와 미니홈피에서도 각광을 받았다.

비즈니스에서 감성은 단지 보기 좋은 것만 이야기하지 않는다. 기업에서 추구하는 감성의 코드가 바로 고객의 코드가 되어야 하고, 고객은 그 제품을 구매함으로써 자신의 감성을 뽐내려고 한다. 아무리 좋은 말로 고객과 한 가족이라고 외친다 해도 실질적인 동질감을 느낄 수 없다면 공허한 메아리에 불과하다. 감성은 고객이 표현하고 싶어 하는 감정이자 아이콘이다. 애플은 바로 이런 고객의 감성적 욕구를 충족해주었다.

이야기 |Story

애플은 전통적으로 스토리텔링을 선호했다. 컴퓨터, 아이팟, 아이폰까지 전자제품을 생산하면서도 무조건 최고 성능과 최첨단 기능을 강조하는 동종업계 방식에서 한참이나 벗어난 모습을 보였다. 애플은 일반 사용자들이 쉽게 이해할 수 없는 고성능의 각종 사양을 빼곡

히 적은 표를 보여준다거나 화려한 광고와 함께 제품출시를 준비하
지 않았다.

애플의 제품은 출시되기 직전까지 온갖 루머와 추측이 나돌며 풍
성한 이야깃거리를 만들어낸다. 이렇게 생산된 이야기는 당연히 신
제품 발표 당일에 클라이맥스에 이른다. 늘 그렇듯 블랙과 진 계열의
편안한 복장으로 무대에 선 스티브 잡스는 적절한 유머를 곁들여 마
치 베일에 싸인 마법상자를 여는 것처럼 신제품을 선보인다. 이렇게
세상에 공개된 제품은 금세 블로그와 트위터로 전 세계에 알려지고
고객들은 저마다 품평을 올려놓으며 이야기를 이어간다. 이때 제품
은 물론이거니와 스티브 잡스의 말 한마디조차 이야깃거리가 된다.

제품 공개가 끝났다고 해서 이야기가 마무리됐다고 볼 수 없다. 아
이폰이 세상에 나온 뒤에는 앱스토어가 이야기를 만들어낸다. 어떤
어플리케이션이 대박이 났네, 어떤 사람이 돈을 엄청나게 벌었네 하
면서 현실 속 동화가 탄생한다. 이런 이야기들은 당연히 앱스토어의
신화를 낳았고, 이 신화가 아이폰 판매에 도움을 주었다.

최근 들어 스토리텔링 방식으로 고객과 밀착을 꾀하는 기업이 늘
고 있다. 그렇지만 하고 싶다고 해서 쉽게 되는 것이 아니다 보니 애
플이 마냥 부럽기만 하다. 사실 기업의 스토리텔링은 고객이 쉽게 가
치를 공유하거나 구매하거나 성원을 보내는 행동으로 이어져야 한
다. 이는 미사여구나 화려한 이벤트로 가능한 것이 아니다. 고객의 코
드에 맞춘 진정성이 보일 때 전설은 멈추지 않고 계속 회자된다.

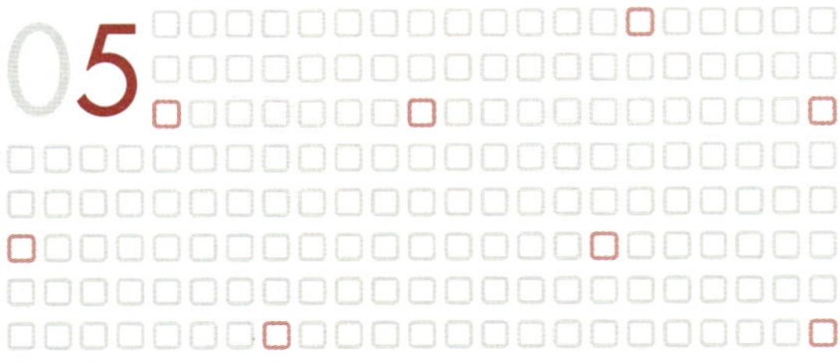

어떻게 혁신 제품의 함정을
극복할 것인가

아이폰을 비롯한 애플의 성공공식은 어찌 보면 상당히 극적이다. 애플이라고 해서 매번 승승장구한 것은 아니다. 그렇기 때문에 애당초 성공을 보장받을 수 없었다. 성공 보장 운운하기엔 애플의 과거는 상처투성이다.

애플은 성공과 좌절을 번갈아 겪었기에 주력 제품이 아닌 스마트폰 진출은 상당한 모험이 될 수밖에 없었다. 아이팟이 성공했다고 해서 아이폰도 성공하리라는 기대는 말 그대로 희망에 부푼 전망일 뿐이었다.

아이폰은 GMS 방식의 2세대2G 휴대전화로 세상에 첫선을 보였다. 전면 터치스크린과 모바일 인터넷에 아이팟 기능이 결합된 아이폰은 마니아 집단만 양산할 뿐이라는 견해도 나왔다.

그도 그럴 것이 애플은 아이팟이 나오기 전까지는 '애플 마니아'들이 선호하는 제품을 만든다는 인식이 많았다. 그렇기 때문에 아이폰도 초기에 반짝할 뿐 이내 휴대전화 전문 기업들의 틈바구니에서 살아남지 못할 것이라는 예측이 나온 것이다.

아이폰은 출시 초기에 세간의 이목을 집중시켰지만 판매 촉진으로 이어지지 못하는 '캐즘Chasm'에 빠져 실패할 수도 있다는 예상에서 자유롭지 못했다. 캐즘은 원래 지층의 단절로 생긴 깊고 넓은 계곡이나 틈을 말한다. 경영학에서는 주로 혁신적인 기술을 구현한 제품이 초기에는 각광받지만 다수의 구매로 연결되지 못하는 상황을 두고 캐즘에 빠졌다고 한다.

애플은 이런 캐즘에 빠질 수 있었다. 애플 제품이 워낙 호불호가 뚜

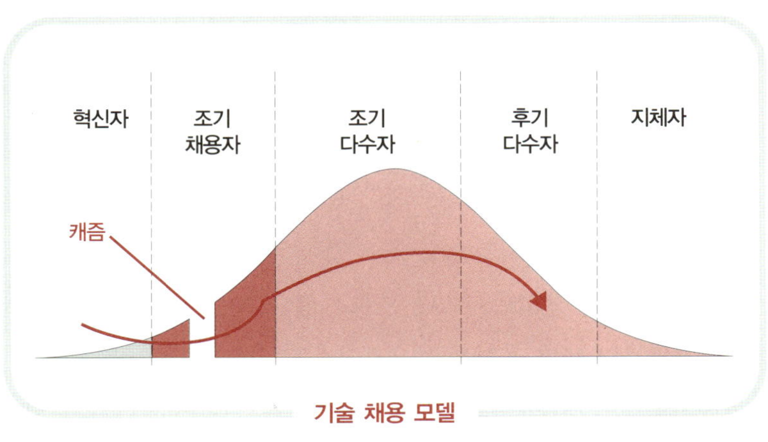

렷한 경향을 보여왔기 때문이다. 아이폰도 시장의 얼리어답터나 애플 마니아에게는 호평을 받더라도 대중의 구매로 이어지지 않으면 저주받은 걸작이 될 수밖에 없었다. 아무리 걸작이라도 애플로서는 전혀 달갑지 않은 칭호다. 이 캐즘을 뛰어넘을 수 있는 적토마를 찾아야만 했다.

스티브 잡스는 아이폰의 질주를 위해 후속 모델과 앱스토어라는 적토마를 찾아냈다. 특히 2008년에 나온 3G 모델은 이전 모델에 비해 용량은 커졌는데도 가격은 대폭 낮추었다. 사람들은 새 후속 모델을 보고 열광했고 캐즘의 계곡을 훌쩍 뛰어넘는 일등공신으로 평가했다. 그리고 저마다 아이폰을 손에 들고 캐즘의 깊은 계곡이 아니라 마음껏 뛰어놀 초원을 찾았다. 이때 스티브 잡스는 고객을 앱스토어라는 광활한 초원으로 인도했다.

스티브 잡스는 '성공 경험의 승리 방정식'을 알고 있었다. 아이팟을 출시했을 때 이미 팟 캐스팅Pod Casting과 아이튠즈 뮤직스토어Itunes Music Store로 성공했던 경험을 적극적으로 활용한 것이다. 아이팟 이용자들이 직접 콘텐츠를 만들어 방송하는 팟 캐스팅은 아이팟을 단순한 단말기가 아니라 미디어로 격상시켰다. 그리고 사용자들이 직접 만든 콘텐츠를 자유롭게 보고, 듣고, 교환할 수 있는 공간은 그 어떤 커뮤니티보다 더 충성도가 높은 곳이 됐다.

스티브 잡스는 팟 캐스팅이란 콘텐츠 생산과 아이튠즈 뮤직스토어라는 거래 시스템의 조합을 앱스토어라는 시스템으로 만들어냈다. 개인이 직접 아이폰에 사용할 수 있는 어플리케이션을 만들어 장터에 올릴 수 있게 한 것이다. 애플의 새로운 장터가 생기기 전까지 그 어떤 휴대전화 단말기, 이동통신업체가 고객이 직접 만든 프로그램을 공개적으로 교환할 수 있도록 했는가! 애플은 고객을 개발과 경영으로 끌어들여 캐즘 극복의 발판을 다졌다.

아이튠즈 뮤직스토어에서는 아티스트들의 음원이 거래되었지만 이번에는 고객이 개발한 어플리케이션을 거래해 고객을 경영에 끌어들이자는 것이 앱스토어의 전략이다. 고객이 개발한 어플리케이션이 많이 올라오게 하려면 무료와 유료가 같이 있어야 하고, 유료의 경우에도 값이 싸게 매겨져야 한다고 생각했다.

가격이 싸면서도 양질의 어플리케이션이 등록되려면 개발자들에게 자금을 지원해야 한다고 생각한 잡스는 어플리케이션 개발자들을 위한 'I FUND'를 조성했다. 퍼킨스^{Perkins} 펀드 매니저인 매트 머피 Matt Murphy와 함께 1억 달러의 펀드를 조성하여 어플리케이션 개발자들에게 자금을 지원토록 한 것이다. 창의적인 고객이 개발한 어플리케이션을 거래할 수 있는 마켓플레이스를 제공한다는 생각으로 출발한 앱스토어는 고객에게 좋은 반응을 얻고 있다.

이렇게 야심차게 준비하여 오픈한 앱스토어는 스티브 잡스의 기대를 훌쩍 뛰어넘어 성공 가도를 달리고 있다. 오픈하고 1년 동안 5억 회 정도 다운로드를 예상한 스티브 잡스는 1년 만에 20억 회 다운로드라는 경이적인 실적에 놀랄 수밖에 없었다. 앱스토어는 애플의 캐즘 극복뿐만 아니라 고객들이 무엇을 원하는지, 앞으로 디지털 기기가 모색해야 할 방향이 어디인지를 보여주었다.

원래 의미처럼 똑똑한 스마트폰인 아이폰과 앱스토어의 콤비네이션은 캐즘은커녕 성공신화를 써내려가고 있다. 우리나라에서도 출시한 지 100일 만에 아이폰을 통한 이동통신 가입자가 40만 명을 돌파했고, 2010년 초까지 아이폰은 전 세계적으로 4,000만 대가 넘게 팔렸다. 아이팟을 1,000만 대 파는 데 걸린 기간이 대략 3년이었다면 아이폰은 1년여 만에 1,000만 대를 팔아치운 것이다. 물론 초기 모델이 예상보다 더디게 판매되었지만 2G에서 3G, 3G에서 3GS로 업그레이드하고 앱스토어를 오픈하자 분기당 판매량이 800여 만 대로 급속히 늘어났다.

위기가 닥쳤을 때나 먹이를 효과적으로 잡기 위해 색깔을 바꾸는 카멜레온처럼 아이폰은 수시로 고비를 넘기며 고객을 끌어 모았다. 그러나 무엇보다도 앱스토어라는 고객 참여 원칙을 강화하면서 기능 업그레이드 등을 꾀했다는 데 주목해야 한다. 잠깐 세간의 주목을 받기 위해 무조건 퍼주는 단발성 이벤트를 통해서가 아니라 꾸준히 고객과 스킨십하면서 판매량을 늘렸던 것이다.

고객의 열망,
그것이 전부다

압도적인 화력과 무기 그리고 병력으로 베트남전쟁에 참가한 미국은 수많은 사상자를 내고 전장에서 철수했다. 제2차 세계대전 이후 미국의 첫 패배라고 여겨지는 베트남전쟁은 외적인 규모만으로 승패를 예상한다는 것이 얼마나 어리석은 일인지 잘 보여주었다.

글로벌 마켓에서 우리나라 시장에서도 베트남전쟁 때와 비슷한 양상이 벌어졌다고 할 수 있다. 여러 분야의 글로벌 1위 기업들이 시장을 공략하려고 무던히 애를 썼지만 결과는 그리 신통치 않았다. 유통업체에서는 까르푸가 철수한 것이 단적인 예다.

이동통신 단말기 시장도 별로 다를 게 없었다. 물론 삼성이나 LG 같은 우리 기업들의 선전도 진입장벽을 높이는 데 일조했지만 무엇보다 외국 업체들이 국내에서 자리 잡기가 어려웠던 이유는 각종 규제 때문이었다. 그동안 우리나라 휴대전화 단말기는 정부에서 정한 위피WiPi방식을 선택해야 했다. 그렇지 않으면 아예 기기 승인을 해주지 않으니 어쩔 수 없었다. 그런데 우리 기준에 맞추려면 어쩔 수 없이 몇몇 기능을 포기해야 하니 단말기의 경쟁력이 떨어질 수밖에 없었다. 가뜩이나 삼성과 LG라는 막강한 경쟁자가 버티고 있는 텃밭에서 양 날개를 떼고 경쟁하라는 꼴이었다.

그러나 애플은 서두르지 않았다. 실제로 애플의 아이폰은 2007년 출시되었지만 우리나라에서 공식적으로 판매된 것은 2009년 말이다. 애플은 위피방식을 해제하고 이동통신사업자와 수익을 배분해야만 한국에 진출할 수 있다는 원칙을 고수했다. 이 원칙은 한국뿐만 아니라 전 세계 어느 나라에도 똑같이 적용했다.

애플이 자신들만의 원칙을 내세우는 것을 본 우리 기업과 정부 그리고 소비자들은 당혹스러워했다. 그동안 수많은 글로벌 디지털 기업이 한국을 전략적 시장으로 여기고 공을 많이 들이던 것과 너무 대조적이었기 때문이다. 이런 애플의 태도에 굴욕감마저 느끼는 한국인이 있을 정도였다.

때마침 우리나라 이동통신시장의 치열한 경쟁은 애플에게 유리한 환경을 조성해주었다. 우리나라 이동통신시장에서 2위를 차지하고 있던 KT는 아이폰이라는 신무기로 판을 뒤엎을 발판을 마련하려고 했다. 해외의 폭발적인 반응을 고려한다면 만년 2인자라는 꼬리표를 뗄 호기라고 본 것이다.

마켓3.0 시대의 스마트 비즈니스 전략

마침내 2009년 4월, 방송통신위원회는 위피 탑재 의무화 정책을 폐기했고, 애플은 한국 진출을 결정했다. 2009년 11월 28일, 서울의 잠실실내체육관에서 열린 아이폰 공식 출시 행사는 국내 매체와 기업들의 비상한 관심을 모았다. 아이폰 3세대 모델이 판매된 시장에서는 공급업자인 KT조차 예상치 못한 반응이 나왔다. 이후 12월 한 달 동안 국내 휴대전화 판매량의 10%를 차지할 만큼 폭발적인 판매고를 올린 아이폰은 스마트폰의 신화가 되었다. KT를 비롯한 각계 전문가들은 아이폰이 출시 후 1년 동안 10만 대 정도 팔릴 것이라고 예상했다. 하지만 출시 후 3주 연속 휴대전화 판매 1위를 차지하며 두 달 만에 목표치를 초과했다.

이 기세는 꺾일 줄 몰랐고 각종 미디어에서는 아이폰 후폭풍을 심각하게 다루기 시작했다. 이처럼 예상을 뛰어넘은 고객의 반응에 KT가 아이폰 개통을 일시 중단한다는 메시지를 내보내는 해프닝도 일어났다.

애플 제품의 전통적인 판매추세로 본다면 혁신적인 사용자들의 구매가 어느 정도 이어지다가 얼리어답터와 일반 대중이 서서히 반응을 보인다. 하지만 아이폰은 이런 패턴을 간단히 뒤집었다.

만약 애플이 아이폰의 한국 판매를 앞두고 한국의 규제와 기준에 따랐다면 이런 반응이 나왔을까? 무엇보다 와이파이의 적극적 활용과 다양한 어플리케이션 선택이라는 매력적인 요소가 반감되었을 것이다. 그렇다면 무늬만 스마트폰인 아이폰을 비싼 돈을 지불하며 일반 대중까지 구매하지는 않았을 것이다.

아이폰의 폭발적인 성공은 우리 이동통신시장이 견고하게 유지하던 규제를 해제했기 때문이라는 이유만으로는 설명되지 않는다. 규제 철폐라는 제도적 변화와 더불어 이동통신사업자에게 사로잡힌 상태에서 벗어나고 싶어 한 고객의 열망에 주목해야 한다.

그런데 아이폰의 대성공을 지켜본 국내 기업들의 초기 반응은 부정적이었다. 기능 문제와 사용 편의성 등 하드웨어의 문제를 들며 자사 제품의 하드웨어 우월성을 계속해서 강조했다. 고객이 왜 열광하는지 이유도 모르면서 애써 무시하려고 들었다. 이 양상은 마치 베트남전쟁에서 정글과 도심을 가리지 않고 빈약한 무기를 들고 공격해오는 게릴라들에게 쩔쩔매던 지상 최강군 미군을 연상시킨다. 계속 당하기만 한 미군은 월맹군과 베트콩을 대외적으로 애써 무시하는 태도를 취했다. 이때 미군은 자신들의 월등한 군사력, 즉 하드웨어를 계속 증강하면 게릴라 따위는 한순간에 토벌할 수 있다는 주장만 되풀이했다.

시장을 독점하다시피 지배해온 기업일수록 트로이 목마처럼 너무 낯선 환경에 놓이면 상당히 방어적인 자세를 취한다. 냉철하게 예의 주시하기보다는 방어본능에 따라 무작정 비난부터 하는 것이다. 즉 자신의 장점만 내세우며 상대방을 깎아내리기에 여념이 없다. 그러나 문제는 그동안 자신의 장점이라고 생각했던 것이 약점이 될 수도 있다는 것이다. 애플은 이로써 하드웨어가 아니라 소프트웨어, 시스템뿐만 아니라 어플리케이션도 중요하다는 새로운 모바일 비즈니스 룰을 알려주었다.

애플, 성공과 실패의
룰을 바꾸다

아이폰이 미국에서 처음 출시된 지 3년이 지났다. 3년 동안 아이폰은 스마트폰의 부활과 함께 휴대전화 시장에 지각변동을 일으켰다. 그 성공의 기반은 앞서 살펴본 대로 하드웨어 기술의 승리라기보다 스마트한 소프트웨어의 승리다. 스마트폰은 이제 더는 일부 얼리어답터나 전문가만 사용하는 첨단기기가 아니다. 이처럼 많은 사람이 스마트폰을 거부감 없이 사용할 수 있도록 한 것이 아이폰의 성공비결이다.

애플은 아이팟에 이어 이미 검증된 성공비결에 따라 아이폰까지 성공시켰다. 연이은 애플의 성공은 자연스럽게 다음 행보에 기대감을 갖게 한다. 아이카iCar라고 해서 애플이 자동차를 만들어낸다 해도 그리 놀랄 일은 아니라고 할 정도이니 애플의 무한변신에 걸림돌이 될 요소는 아예 없다고 보는 게 맞을 것이다.

아마 다른 대기업이 이렇게 외연을 넓힌다면 문어발식 확장이라며 비난을 받을 것이다. 하지만 애플은 컴퓨터 제조업에서 벗어나 종합 디지털 기기 제조와 어플리케이션 비즈니스로 영역을 마음껏 확대하고 있다. 그러자 지금껏 관망하던 다른 업종의 맹주들은 잔뜩 긴장하며 애플을 견제하고 있다.

애플의 등장에 다른 업종이 긴장하는 이유는 애플이 혁신을 몰고 오기 때문이다. 애플이 새로운 영역에 진출하는 것은 재벌이 막대한 자본력을 내세워 중소기업의 영역을 침범해 시장을 장악하는 문어발식 확장이 아니다. 애플이 새로운 영역으로 진입할 때는 항상 시장의 판도를 바꾸는 룰을 제시한다. 즉 진입하는 순간 기존 업체들은 역전당할 위기에 처하는 것이다.

아이폰에 이어 새롭게 애플의 신화를 써내려갈 제품은 아이패드iPad라는 태블릿 PC이다. 아이패드 또한 전혀 새로운 디지털 기기라고 할 수는 없다. 아이패드가 나오기 훨씬 전부터 태블릿 PC는 존재했는데 왜 아이패드가 주목받는 것일까? 지금까지 애플은 새로운 시장에 들어갈 때 기술력만으로 승부한 게 아니라 게임의 룰을 바꾸어 승리를 쟁취했다. 아이패드도 애플의 성공법칙을 충실히 따랐다. 아이팟의 아이튠즈, 아이폰의 앱스토어처럼 단말기 활용폭을 최대한 넓힐 수 있는 장터를 함께 제공한 것이다.

아이패드의 장터는 아이북스iBooks라는 이름을 달고 문을 열었다.

2010년 1월 발표된 9.7인치 터치스크린으로 아이북스에서 구할 수 있는 잡지와 책을 볼 수 있게 됐다. 〈뉴욕타임스〉는 아이패드를 발표할 때 아이패드용으로 만든 〈뉴욕타임스〉를 사람들에게 공개했다.

아이패드는 단순히 전자책e-Book 단말기가 아니라 잡지와 책, 동영상, 게임까지 이용할 수 있는 세련된 미디어 단말기라고 할 수 있다. 기존의 전자책 단말기는 책을 흑백화면으로 볼 수 있었지만 아이패드는 화려한 그래픽과 수많은 도표 그리고 음성과 동영상을 활용할 수 있다. 이미 고객은 한 가지 기능만으로 구현되는 디지털 기기를 선호하지 않는다는 점을 감안한다면 아이패드의 인기는 상당할 것이라는 한 시장조사업체의 전망도 나왔다.

단순히 화면으로 책읽기에 불과했던 기존의 전자책과 달리 자유롭게 필기하고 각종 도표와 동영상까지 볼 수 있는 아이패드는 이른 시일 안에 강의실에서 칠판과 공책을 대체하는 도구가 될 것이다. 거기에다 단말기에 데이터를 저장하는 것이 아니라 인터넷을 이용해 저장 공간이나 각종 소프트웨어를 빌려 쓰는 '클라우드 컴퓨팅Cloud Computing' 서비스를 이용할 수 있다는 것도 매력적이다. 즉 두꺼운 책이나 사무작업을 위한 컴퓨터를 따로 가지고 다니는 것이 아니라 태블릿 PC 하나로 모든 것을 해결할 수 있다.

아이패드는 과거 태블릿 PC가 추구하고자 했으나 제대로 구현하지 못했던 각종 기능과 서비스를 제공한다. 마치 스마트하지 못했던 스마트폰이 아이폰을 통해 제 이름을 찾은 것처럼 말이다. 그래서 노트북과 전자책, PMP, 내비게이션 등 여러 가지 IT기기가 통합된 태블릿 PC 아이패드는 새로운 생활패턴을 창출하는 기폭제가 될 것이다. 〈비즈니스 위크〉는 태블릿 PC로 인해 잡지와 신문의 디지털 콘텐츠 비즈니스가 활성화되고, 텔레비전과 라디오의 인기가 떨어질 것이며, 증강현실 프로그램 증가와 재택근무 확대 등 산업과 개인의 일상이 변할 것이라고 전망했다.

중국의 진시황이 제각각이던 문자와 도량형, 도로를 통일하면서 천하를 제패한 것처럼 애플의 천하통일은 아직까지 성공적이다. 아이패드가 모습을 드러내자 기대치에 미치지 못한다며 수많은 전문가와 언론이 혹평했는데도 예약판매 첫날 12만 대가 팔렸다.

아이패드의 성공 요인으로 하드웨어에 주목해서는 변화의 본질을 파악할 수 없다. 여전히 하드웨어 성능에만 집착한다면 또 한 번 숲은 보지 못하고 나무만 보는 어리석은 짓을 반복하는 것과 같다.

아이패드는 아이팟과 아이폰이 그랬듯이 기기 자체에 대한 열광보다 그에 따른 경제와 사회, 일상의 변화를 눈여겨봐야 한다. 아이패드 역시 기존에 전혀 보지 못한 기술이 등장하는 것은 아니다. 멀티미디어를 활용할 수 있는 태블릿 PC라는 기본 기능을 제대로 구현한 동시에 이를 최대한 많이 활용할 수 있도록 아이북스라는 장터를 열었다는 것이 다를 뿐이다. 그럼에도 이미 비슷한 서비스와 기능을 제공하는 아마존뿐만 아니라 출판과 미디어 업계의 지각변동을 예고하고 있다. 우리가 주목해야 하는 것은 바로 아이패드로 인한 산업 재편과 일상의 변화다.

알렉산드로스 대왕은 변방에서 태어난 영웅으로만 평가받는 것이 아니다. 그의 용맹스러운 군대와 정복신화에만 눈을 고정한다면 역사의 행간을 읽지 못한다. 알렉산드로스 제국의 탄생은 영토 확장과 군사력 과시에만 머무는 것이 아니라 세계사에서 동양과 서양의 만남을 뜻하는 것이다. 그래서 탄생한 간다라미술은 동서양을 최초로 융합한 것으로 평가된다.

아이팟과 아이폰 그리고 아이패드까지 애플이 추구하는 것은 일개 신제품을 공개하는 것이 아니다. 기술과 문화, 개인의 일상을 접목한 제국의 확장판이자 디지털 문화의 선도자로 자리매김하려는 것이다.

스티브 잡스가 애플에서 쫓겨나 픽사 애니메이션에 있을 때 기술의 힘이 문화와 접목했을 때 어떤 파괴력을 보이는지 경험했기 때문일까? 이렇듯 성공의 법칙은 승리 경험을 공유하며 이어가는 것으로 늘 새롭게 도전하고 남들이 발견하지 못한 전략적 시야를 확보했을 때 실현된다.

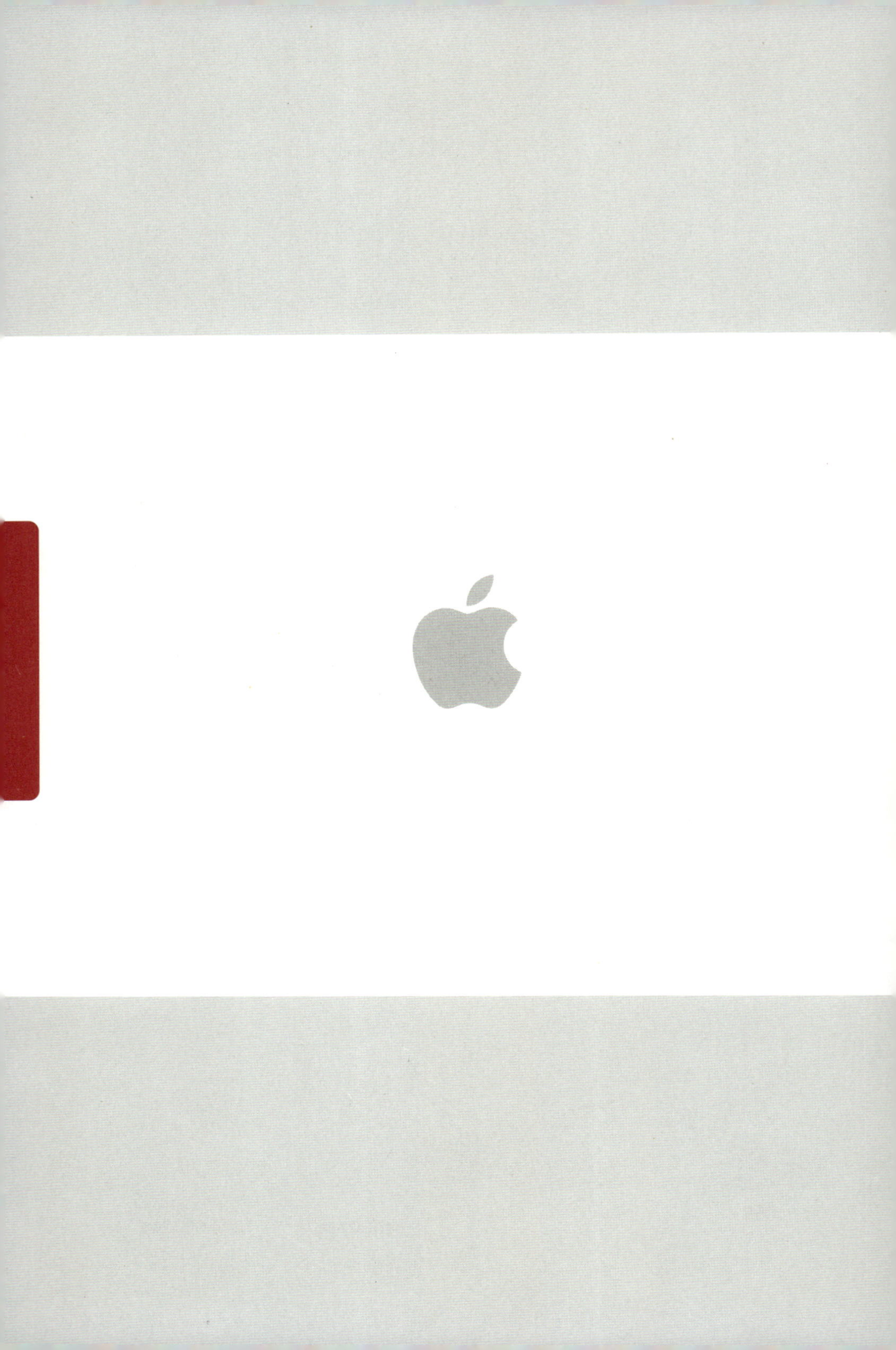

Part 02

새로운 기회는
고객 기술에 있다

최근 경영 컨설팅이나 강의를 나가면 "요즘 고객은 너무 똑똑해서 예전처럼 물건 만들어 팔기가 힘들다."라는 하소연을 종종 듣는다. 자사 제품의 결함을 지적할 뿐만 아니라 어떻게 고칠지 의견을 제시하는 경우도 있다고 한다. 이쯤 되면 전문기술을 바탕으로 제품을 만드는 회사로서는 자존심이 상할 법도 하다.

그런데 기업이 시장에 내놓는 제품의 완성도를 측정하는 기준에 대해 다시 한 번 생각해볼 필요가 있다. 꼼꼼한 품질관리체계를 거쳐 불량률 제로에 도전하는 것이 완성도의 기준이 될 수 있을까? 공장에서 이보다 더 기술적으로 완벽한 제품은 없다고 자신만만하게 시장에 내놓아도 고객은 고개를 갸웃거린다. "왜 버튼이 여기에 달려 있지? 이런 기능은 거의 쓰지도 않는데 왜 포함시킨 거지? 헷갈리게 말이야." 라며 상당한 공을 들인 제품을 외면한다.

제품 완성도의 기준은 결국 공급자의 기술력이 아니라 고객의 만족도라고 할 수 있다. 요즘은 흔히 볼 수 있는 조각 케이크도 탄생 배경을 보면 만드는 처지에서 완성도가 아니라 고객 처지에서 완성도를 추구한 것임을 알 수 있다.

미국의 제과업체인 '사라 리'는 간식용 케이크를 개발하면서 자존감이 낮은 고객들을 눈여겨봤다. 이 고객들은 케이크를 사면 앉은자리에서 통째로 먹어치우는 것에 불안감을 가지고 있었다. 자제력이 약한 자신의 내면을 드러내는 것에 대한 두려움인 것이다. 그래서 케이크는 통째로 파는 것이라는 통념을 깨고 조각 케이크를 만들어 판매했고, 결과는 대성공이었다.

시장은 이제 기업이 아니라 고객이 주도한다. 독점시장이라 해도 고객은 과거처럼 기업에 고분고분 끌려가지 않는다. 그런데도 기업이 자신의 주장을 굽히지 않는다면 고객은 과감히 스스로 대안을 만들어낸다. 이런 고객의 움직임은 일상에서도 쉽게 발견할 수 있다.

동네 카센터만 해도 그동안 수리 부실과 부품 가격을 둘러싼 업체들의 농간을 감내하던 고객이 직접 만들어 공동운영하는 경우를 볼 수 있다. 이때 카센터를 공동운영하는 고객이나 이곳을 찾아 차를 수리하는 고객은 수리 기술의 완성도보다 신뢰를 최우선 가치로 삼는다. 또 신뢰를 최우선으로 하기 때문에 이를 만족시키기 위한 기술력도 높이고 있다.

사회 어느 분야에서도 '일방통행'이라는 단어는 이제 존재하지 않는다. 고분고분한 순둥이 고객은 아날로그 시대의 추억거리에 불과하다. 고객은 단지 제품을 받아쓰는 수동적 존재가 아니라 처음부터 자신이 만족하는 제품이 나올 수 있도록 제품 개발에도 적극 개입하는 존재로 탈바꿈했다.

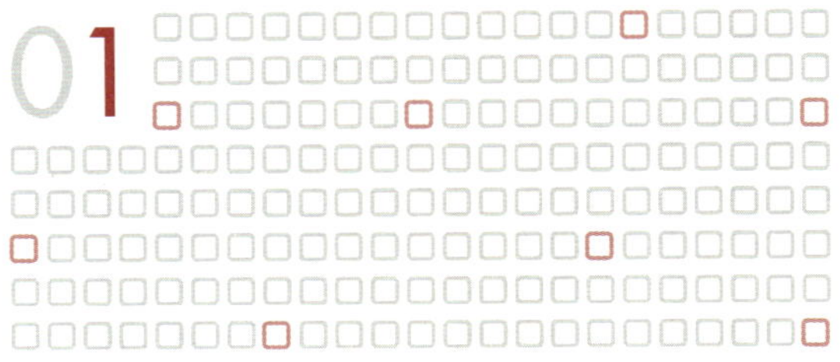

마켓3.0 시대의
새로운 생존 키워드

기술은 오랫동안 기업의 전유물이었다. 기업은 새로운 기술을 개발해서 상품으로 설계한 뒤 내다 팔면 그만이었다. 고객은 그저 그 기술을 소비하는 존재일 뿐이었다. 생산하는 기술이나 마케팅하는 기술까지도 모두 기업의 몫이었다.

이러한 기업 중심 기술은 하드웨어 비중이 높던 시절에는 대기업에게 유리했으나 소프트웨어 비중이 높아지면 벤처기업에게 유리하다. 어쨌든 기업 형태만 바뀔 뿐 여전히 소비자는 소비만 하는 존재였다. 하지만 규모의 경제, 공급자 주도 시장의 주도권이 깨알 같은 소비자에게 넘어오면서 기술 주체도 점점 바뀌고 있다.

고객은 점점 똑똑해져 다양한 응용분야에서 응용 기술을 보유한 개인이 등장하기 시작했다. 이른바 '고객 기술Customer Technology'을 가진 사람들의 출현이라는 새로운 사회현상이 나타난 것이다.

특히 고객 기술은 개인이라는 한계 때문에 하드웨어보다 어플리케이션 중심으로 발달했다. 미국에서는 이처럼 똑똑한 개인과 창의적인 개인사업자들을 '창의 계층Creative Class'이라고 한다.

카네기멜론 대학 리처드 플로리다Richard Florida 교수는 미국 노동 인구의 30% 정도인 3,800만 명이 창의 계층이라고 한다. 이 계층에 속하는 사람들은 동질성, 순응, 복종이라는 단어에 질색하고 개성, 자기 표현, 차별화 등을 선호한다. 이런 특성을 보이는 사람들은 대체로 창의적이어서 예술 분야나 디자인, 문화, 과학, 공학, 법, 비즈니스 등 복잡하거나 창의성을 요구하는 분야에서 일한다.

창의 계층에 속하는 사람은 대개 고유의 응용 기술을 가지고 있다. 이들은 무엇인가 새로운 것을 창조하는 데 탁월한 재주가 있다. 이들의 기술은 때론 기업이 가지고 있는 기술보다 우수하다.

스티브 잡스는 고객 기술에 주목했고 이를 상품화해야겠다는 아이디어를 떠올렸다. 그는 고객 기술을 기업 내부로 끌어들이는 방안으로 앱스토어를 생각했다. 앱스토어는 고객 기술을 상품화하여 거래하게 하는 어플리케이션 장터이다. 고객에게 고객 기술의 장터를 만들어주면 스스로 상품을 만들어낼 것이고, 고객끼리 거래하게 하면 기업이 만든 상품보다 훨씬 경쟁력이 있을 것이라고 생각했다.

창의 계층의 사람들이 앱스토어에 와서는 독립개발자를 일컫는 인디가 되었다. 수많은 인디가 창의적인 아이디어를 가지고 앱스토어에 몰려들었다. 삽시간에 온라인 장터는 인디들로 북적댔다. 이들에게는 아이폰에 적용할 수 있는 어플리케이션만 만들면 대박 기회를 잡을 수 있기 때문에 비용이나 노력 등 효율성이 높은 앱스토어가 무척 매력적이었다.

애플에서 하드웨어와 OS, 소프트웨어를 총괄 관리하는 시스템은 인디들의 어깨를 가볍게 해 개발과정을 쉽게 하고 한 번의 테스트로 앱스토어에 입점할 수 있게 해주었다. 이미 아이팟 터치를 사용하는 고객이 8,000만 명이나 있기 때문에 곧바로 거래가 일어날 수 있었다. 더군다나 앱스토어의 어플리케이션은 국적을 불문하고 사용할 수 있게 돼 있기 때문에 개인도 안방에서 글로벌 비즈니스를 할 수 있게 됐다.

앱스토어는 애플이 아이폰을 업그레이드하면서 어플리케이션 영역도 넓혀가고 있다. 2009년에 3GS 모델이 나오자 스마트폰에 탑재할 수 있는 내비게이션 어플리케이션도 등장했다. 이제 앱스토어는 그 자체가 지구상에서 가장 큰 시장이 되었다.

앱스토어에서는 25%를 무료 어플리케이션으로 채운다. 전체의 90%는 9.99달러(약 1만 2,000원) 이하에 판매하는데 보통 0.99달러이다. 이 어마어마한 시장은 평균 금액이 1.25달러에 불과한 어플리케이션도 대박 기대를 품을 수 있게 해준다.

앱스토어에서 판매된 어플리케이션의 수익금 중 70%는 개발자의 몫이고 나머지 30%가 애플의 몫인 배분 구조는 직거래 장터의 그것과 유사하다. 복잡한 유통과정과 소매점 횡포에서 자유로운 시장 구조는 인디들이 충분히 도전하게 만드는 매력이 있다.

스티브 잡스의 예상은 그대로 적중해 수많은 어플리케이션이 올라 왔고 거래도 활발하게 이뤄졌다. 앱스토어에서는 상당한 수익을 올리는 '스타 인디'가 속출했다. 스타 인디의 출현이라는 앱스토어의 성공은 애플에서도 미처 예상하지 못했다. 애플 경영진은 앱스토어에서 5억 회 정도 다운로드되면 성공적이라고 생각했다.

그러나 앱스토어가 개설된 지 1년 반 만에 14만 개 이상의 어플리케이션이 올라왔고 20억 회 이상 다운로드가 일어나는 보물 시장이 되었다. 하버드 경영대학 데이비드 요피^{David Yoffie} 교수는 "앱스토어는 애플도 전혀 예상하지 못한 반응을 보이고 있으며 아이폰을 다른 제품과 확실히 차별화될 수 있게 해주었다."라고 평가했다.

아이폰은 자체 성능도 뛰어나고 새로운 스마트폰의 전형을 보여줬지만 무엇보다 앱스토어가 있었기에 폭발적으로 판매될 수 있었다. 무궁무진한 어플리케이션의 세계를 맛본 고객은 SNS 서비스가 가능한 어플리케이션이나 입체적인 정보를 화면에서 볼 수 있는 증강현실 어플리케이션을 주위에 보여주며 앱스토어의 세계로 인도한다. 그리고 매력적인 앱스토어 시장 나들이에 호기심을 느낀 사람들은 기꺼이 아이폰의 고객이 된다.

앱스토어야말로 애플에게 보기만 해도 흐뭇한 효자다. 애플의 앱스토어에는 전 세계에서 20만 명이 넘는 개발자가 매일같이 새로운 어플리케이션을 개발해 올린다. 개발자들은 마치 애플 직원처럼 애플의 매출에 기여한다.

스스로 고객인 인디들이 개발해 앱스토어에 올리면 또 다른 고객이 이를 구매해 애플에게 돈을 벌어다 준다. 이렇게 해서 애플이 벌어들인 돈이 2009년 북미에서만 연간 2억 5,000만 달러에 달한다. 이 수익은 애플이 제품을 따로 만들어 판매하는 것이 아니라 단지 앱스토어를 운영하여 벌어들인 것이다. 앱스토어에서 나오는 모든 매출은 곧 애플의 매출이 된다. 이 매출은 전적으로 고객인 인디들이 개발한 어플리케이션에서 발생한다.

과거에는 모든 소프트웨어를 애플이 개발했으나 앱스토어가 개설된 뒤로는 고객이 어플리케이션의 소프트웨어를 개발해 올리고 그 소프트웨어가 판매되면서 애플의 매출이 발생하는 것이다.

어플리케이션 매출에서 애플은 플랫폼만 제공하기 때문에 매출은 대부분 그대로 애플의 이익이 된다. 애플은 아직 초기 단계인데도 북미에서 앱스토어 관련 매출로 연간 약 3조 원에 이르는 수익을 올렸다. 따라서 아이패드가 본격적으로 판매되면 앱스토어의 매출도 급증할 것으로 예상된다.

시장조사기관인 가트너그룹은 애플의 앱스토어를 포함한 전 세계 앱스토어 시장의 매출을 2010년 61억 달러, 2011년 102억 달러, 2012년 158억 달러로 보아 해마다 배에 가까운 성장세를 보일 것이라고 전망했다. 그중에서 애플이 3분의 2 이상을 차지할 것이라고 분석했다. 앱스토어를 운영하는 것이 공을 들여 만든 제품을 판매하는 것보다 더 많은 부가가치를 창출하는 셈이다.

창의적인
아이디어의 땅

2008년 애플에서 앱스토어를 개설하자 수많은 독립 개발자인 인디들이 어플리케이션을 만들어 올렸다. 미국의 서부개척시대에 누가 먼저 땅을 차지할 것인가를 두고 말에 채찍질하며 달렸듯 개발자들이 너도나도 모여들었다. 좀 더 달려가면 황금의 땅인 엘도라도에 도착할 거라는 희망은 모든 인디의 창의성을 자극했다.

그동안 독립 개발자는 단말기 제조업체와 유통업체, 이동통신회사 등 기업에 철저히 종속되어 있었다. 이러한 구조에서는 조직의 일원으로 제품을 개발해 월급을 받는 시스템에서 자유로울 수 없었다. 그러나 앱스토어는 족쇄를 풀어주는 열쇠가 되었다.

한 미국인 개발자는 딸의 치료비와 집세로 전전긍긍하던 차에 앱스토어가 개설되자 자신의 프로그래밍 경험을 살려보기로 결심했다. 그는 혼자서 인터넷이나 책을 통해 관련 프로그램과 개발 도구 사용법을 하나둘 익혔다. 그렇게 대략 반 년 동안 낮에는 직장생활을 하고 밤에는 어플리케이션을 개발하면서 슈팅게임을 만들어냈다. 슈팅게임 어플리케이션을 만들어낸 개발자는 애플에 심의를 요청했고, 승인이 나자 정식으로 앱스토어에 등록했다. 등록한 첫날 그는 1,000달러에 달하는 매출을 올렸다.

일본에서도 아이폰이 도입되고 앱스토어가 열리자 수많은 인디가 어플리케이션을 만들어 등록했다. 아이폰의 멀티 터치 기능을 최대한 살린 한 기타 어플은 등록한 지 4개월 만에 50만 번 다운로드가 발생했다. 99센트라는 저렴한 가격도 구매에 결정적인 몫을 했지만 창의적 아이디어가 수많은 사용자에게 어필한 것이다.

우리나라에도 이미 엘도라도에 간 인디들이 있다. 2010년 1월 애플의 유료 게임 부문에서 1위를 차지한 것은 게임업체가 아니라 우리나라 인디였다. 이미 2009년 9월에 '카툰워즈'라는 어플리케이션으로 유료 어플리케이션 분야에서 1위를 경험한 인디 최강우 씨가 '카툰워즈 워너'라는 어플리케이션으로 다시 1위를 차지했다. 앱스토어에서 벌어들인 수익이 7억 원에 달한다는 언론 보도가 있을 정도로 그는 부를 얻었다. 이제 그는 엘도라도를 발견한 인디가 되었다. 이밖에 비즈니스 어플리케이션으로 유명한 '어썸노트Awesome note'와 게임 어플리케이션 '헤비메크'도 인디의 신화로 회자되고 있다.

인디들의 활약은 유료 어플리케이션뿐만 아니라 공공서비스에서도 두드러진다. '서울버스' 어플리케이션은 고등학생이 단 일주일 만에 개발했다고 해서 더욱 화제를 모았다. 그런데 이 어플리케이션과 관련해 버스운행정보를 제공하는 경기도에서 개발자가 무단으로 자신들의 소스를 이용했다며 막아버리는 일이 발생했다. 그러자 아이폰 사용자들뿐만 아니라 언론까지 나서서 비판했다. 공공서비스를 주도해야 하는 관공서가 되레 민폐만 끼친다는 것이었다.

결국 경기도는 며칠 만에 소스를 개방하고 관련 어플리케이션이 정식 서비스될 수 있도록 조치했다. 비록 관공서에서 일으킨 해프닝이지만 이 또한 공급자의 논리가 더는 시장에서 통용되지 않는다는 사실을 확실히 보여준 사례이다.

앱스토어라는 엘도라도에는 이처럼 일확천금을 노리는 인디와 공공의 편의를 추구하는 인디까지 다양한 사람들이 몰려들고 있다. 이렇게 인디들은 창의적인 아이디어 하나만 가지고 앱스토어에서 승부를 건다. 스티브 잡스가 원한 것이 바로 이런 개인의 힘이자 고객이 운영하는 시장이다.

21세기는 그 누구도 예측할 수 없는 불확실성의 시대다. 사람들은 대부분 언제 다시 글로벌 금융위기가 찾아올지 몰라 전전긍긍하고 있다. 그렇기 때문에 스스로 미래를 대비해야 한다. 그렇다고 해서 금융 재테크를 열심히 하라는 얘기가 아니다. 자신이 뭘 잘하는지, 어떤 것을 하고 싶은지 제대로 파악해 능력을 키워가는 '능력 재테크'를 하라는 것이다.

특히 그동안 알지 못했던 재능을 찾는 것이 매우 중요하다. 무엇을 잘하는지도 모르면서 남들이 한다고 그저 따라하는 것은 또 다른 실패의 길로 들어서는 것과 같다. 뱁새가 황새 따라가다 가랑이 찢어지는 꼴이 될 수도 있다는 뜻이다. 타고난 개성이 되었든 노력으로 약점을 보완했든 간에 무엇을 잘할 수 있는지 알아야만 불확실한 미래를 대비할 수 있다.

다른 사람들은 시대의 변화를 읽고 그 변화에 동참해 달려가는데 마치 게임을 구경하듯 관조자가 돼서는 도태될 수밖에 없다. 아등바등 경쟁하며 살기 싫다고 해서 삶의 관조자가 되겠다는 것은 비겁한 변명이자 현실도피다. 치열하게 살라는 것이 돈을 많이 벌고 유명해지라는 말이 아니다. 자신의 능력을 깨닫고 뜨겁게 삶의 현장에 뛰어들라는 것이다. 경제활동이든 봉사활동이든 분야는 중요하지 않다. 자신에게서 혁신을 이끌어내는 것이야말로 삶을 치열하게 사는 방법이다.

앱스토어는 개인이 새로운 기회를 찾고 혁신할 수 있게 해주는 매개체라 할 수 있다. 수많은 인디가 금전적 이익을 얻거나 공공의 이익을 위해 자신이 할 수 있는 것을 찾으려고 대담하게 시도한다. 그리고 자신의 노력을 사람들에게 평가받는다.

직접 몸으로 부딪치며 혁신을 꾀하는 것은 결코 어려운 일이 아니다. 많은 사람이 실패를 두려워하지만 사실 성공 기회를 찾지 못하기 때문에 더 주저하게 된다. 이런 자신을 혁신하고 도전하려 할 때 아무도 도와주지 않는다. 온전히 자기 몫으로 여기며 스스로 찾아야 한다. 그렇게 해서 쌓은 정보와 역량, 지식은 자기 재산이 된다. 이 모든 것이 고객 기술이라 할 수 있다.

앱스토어는 고객 기술이 한곳으로 모이는 광장이자 장터이다. 이곳에 모이는 수많은 인디는 헛된 욕망을 좇는 것이 아니라 자신이 가지고 있는 기술을 밑천 삼아 기회의 땅, 희망의 땅을 찾아가는 모험가들이다.

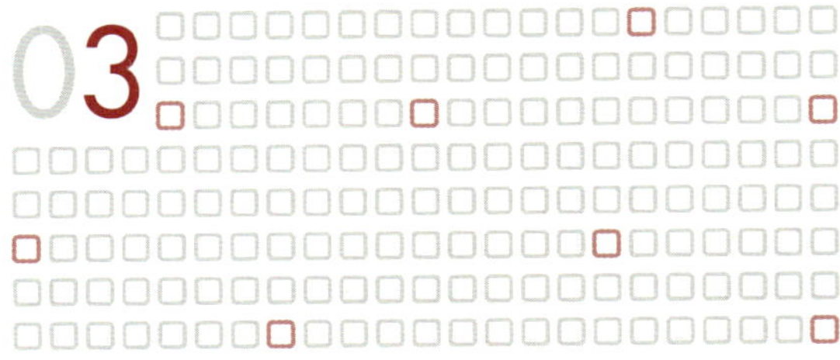

스마트폰이 불붙인
모바일 디지털 혁명

"한 알의 불씨가 광야를 불사른다."라는 말이 있다. 아그네스 스메들리Agnes Smedley가 중국의 혁명지도자 주더朱德의 평전을 쓰면서 내놓은 제목이기도 한 이 문구는 중국 혁명의 드라마틱한 과정을 잘 설명해준다.

아이폰 돌풍도 심상치 않다. 우리나라에 아이폰 출시가 임박했을 때 국내 경쟁업체들은 성능과 애프터서비스 등 여러 이유를 들며 애써 아이폰의 약점을 홍보했지만 고객은 아이폰으로 우르르 몰려갔다.

이제 우리나라에서도 아이폰을 비롯한 스마트폰을 사용하는 인구가 100만 명에 육박하고 있다. 결코 적지 않은 숫자가 스마트폰을 사용하는 것이다. 그리고 스마트폰은 통신과 카메라, 음악 감상이나 동영상 감상 정도에 머물던 모바일 디지털 환경을 일순간 바꿔버렸다. 이제 많은 사용자가 스마트폰을 통해 일상의 변화를 체험하고 있다. 또 억눌렸던 욕구를 분출하며 기업이 가지고 있는 주도권을 내놓으라고 요구한다. 무선인터넷 전면 개방과 서비스 선택권을 주장하며 작은 불씨가 들불로 번질 수 있도록 점점 풀무질을 하고 있다.

스마트폰은 모바일 디지털이라는 환경을 만들어주면서 트위터 같은 'SNS Social Network Service' 서비스와 결합해 엄청난 파급효과를 낳고 있다. 실시간 정보 공유 확대와 1인 미디어 시대를 창출하며 기업이 장악한 시장의 주도권을 빼앗고 있다.

이렇듯 변화의 물결은 대세를 거스를 수 없을 정도가 되었다. 아이폰 출시 초기만 해도 국내 휴대전화 제조업체들은 스마트폰 확산은 미미할 것이며 아이폰 역시 반짝 이슈에 머물 거라고 예상했다. 그런데 현실은 어떤가. 너도나도 아이폰에 맞설 수 있는 대항마로 안드로이드 OS를 탑재한 스마트폰을 출시하고 있다. 또 기존의 피처폰도 와이파이가 지원되는 기기가 출시되고 있다.

애플의 아이폰이 오랫동안 잠들어 있던 용을 깨운 것과 다름없다. 이제 막 기지개를 켠 용, 즉 고객은 자신의 의지에 따라 불을 마구 내뿜으며 왜곡된 시장 질서를 불태우려 한다. 이렇게 고객이 각성할 수 있었던 것은 아이폰이라는 단말기 때문만은 아니다. 아이폰과 함께 문을 연 앱스토어야말로 잠들어 있는 고객을 깨웠고 이동통신시장 개방을 이끌어냈다.

애플의 앱스토어에는 수많은 어플리케이션이 올라와 있다. 사람들은 이 어플리케이션을 통해 일상의 변화와 새로운 문화를 만들어낸다. 이것이 고객을 비롯한 개발자들의 창의성을 자극해 앱스토어는 창의성 발현 공간이자 고객 기술 경연장이 되고 있다. 게다가 수익도 생기니 금상첨화라는 말이 딱 들어맞는다.

인디들이 개발하는 어플리케이션은 스마트폰에 탑재된 일정관리나 캘린더, 사진 찍기 등 각종 프로그램과 더불어 사무용 프로그램, 백신 프로그램 등 디지털 기기에 사용되는 소프트웨어를 뜻한다. 이 중에서 인디가 가장 자신 있는 분야를 개발해 앱스토어에 원하는 가격을 설정하고 올리면 고객들이 판단하고 구매 여부를 결정한다. 이 과정에서 판매에 영향을 미치는 외부 세력이나 중간 유통 과정은 없다. 애플은 단지 인디가 개발한 어플리케이션이 앱스토어에 올릴 수 있는 것인지만 판단해 승인 여부를 가릴 뿐이다.

애플의 승인을 받은 어플리케이션이 앱스토어에 올라오면 그때부터는 온전히 고객의 평가에 따라 가치를 인정받는다. 물론 이전 휴대전화 시장에도 어플리케이션 개발과 판매가 있었다. 하지만 기존의 휴대전화 어플리케이션은 먼저 전문 개발 업체, 이동통신사와 계약해야 했다. 개인이 개발해 제공하는 것은 원천적으로 길이 막혀 있었다. 이렇게 개발된 어플리케이션이 탑재된 휴대전화는 시장에 출시되면 다른 어플리케이션을 추가할 수 없었다.

애플은 앱스토어를 개설하면서 폐쇄적인 어플리케이션 개발 시장을 활짝 열었다. 개인이든 기업이든 누구나 개발할 수 있도록 소프트웨어 개발 도구인 SDKSoftware Development Kir를 공개한 것이다. 그리고 간단한 심의를 거친 뒤 승인이 나면 곧바로 시장에서 판매할 수 있도록 했다. 심의내용도 그다지 까다롭지 않다. 주로 기능 오류나 저작권 침해 등을 검토한 뒤 승인하기 때문에 대부분 열흘이 지나지 않아 승인이 난다.

앱스토어가 개방되면서 누구나 시장에서 물건을 팔 수 있게 됐고, 개발에 투자되는 시간이나 비용도 획기적으로 낮아졌다. 이전까지 휴대전화 어플리케이션을 만들려면 해당 단말기의 플랫폼에 맞춰 시간과 비용을 많이 들여야 했다. 그런데 SDK가 공개되었으니 투자비용이나 시간이 많이 줄어든 것이다.

고객 기술자들의 엘도라도는 영원히 빛을 잃지 않을 황금의 땅이다. 이 엘도라도는 애플의 전유물이 아니다. 고객 기술자들은 애플의 앱스토어에서 창의성을 자극받았다. 그리고 무수한 어플리케이션을 개발했다. 엘도라도의 금광에서 금을 캐내는 작업을 열심히 하는 것이다.

그런데 애플의 앱스토어가 고객 기술자들이 마지막으로 캐내는 금광이 아니다. 수많은 엘도라도가 아직도 신비스러운 안개에 가려져 있다. 애플의 엘도라도를 발견한 고객 기술자들은 한번 맛본 창의성과 모험을 잊지 못해 또 다른 엘도라도를 찾으려고 한다. 앞으로 엘도라도는 기업과 기업의 기술이 아니라 고객과 고객의 기술로 발견될 것이다.

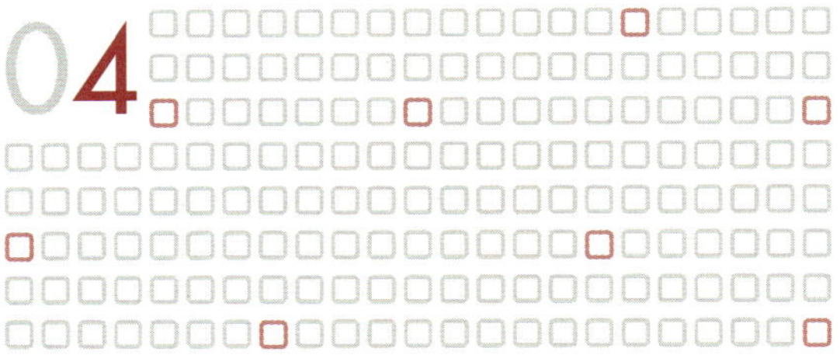

에어 채널에서
어플리케이션 전쟁이 벌어진다

애플의 앱스토어에는 고객이 만든 어플리케이션이 하루에도 엄청나게 올라온다. 그중에서 고객의 선택을 받는다는 것은 로또에 당첨되는 것만큼이나 어려운 일이다. 앱스토어는 생산자와 소비자 사이에 유통업체가 개입하지 않고 모든 거래가 공중에서 일어나는 이른바 '에어 채널Air Channel'이다. 참호와 고지를 하나씩 점령하며 지루하게 전투를 벌이는 것이 아니라 비행기에 몸을 싣고 하늘에서 전투를 치르는 것처럼 전 세계 곳곳에서 어플리케이션 경쟁이 일어나고 있다.

온라인 마켓 리서치 회사인 '컴피트Compete'가 조사한 바에 따르면 아이폰 사용자들이 가장 많이 이용하는 것은 날씨 어플리케이션으로 38%를 차지했다. 2위는 페이스북의 어플리케이션, 3위는 게임으로

마켓3.0 시대의 스마트 비즈니스 전략

20%, 4위는 음악으로 10%였다. 다운로드 순위는 게임 37%, 음악 28%, 엔터테인먼트 26%, 날씨 24% 순으로 나타났다. 어플리케이션을 구매할 때는 남들이 추천한 것이나 인기도를 참조하기보다 직접 찾는데 이 비율이 60%라고 한다.

전 세계 어플리케이션의 다운로드 비율을 분석하면 아이폰에서 다운받은 것이 93%이고, 다른 스마트폰이 66%이다. 무료 어플리케이션 다운로드는 아이폰이 51%이고 다른 스마트폰은 27%이다. 고객들이 어플리케이션을 구매하면서 지불하는 비용은 75%가 10달러 이하라고 한다. 이렇게 활발하게 움직이는 앱스토어에서 고객의 선택을 받은 어플리케이션에는 어떤 것들이 있을까? 해외 인기 어플리케이션과 국내 인기 어플리케이션으로 나누어 살펴보자.

해외 인기 어플리케이션

아이폰으로 많이 사용하는 어플리케이션 가운데 하나가 바로 트위터Twitter 어플리케이션이다. 간단하게 의사소통을 할 수 있는 트위터는 대표적인 SNS 서비스다. 사실 트위터는 그때그때 자신의 생각이나 느낌을 가감 없이 올리는 것이라서 공간 제약을 극복해야만 효과가 있는데 스마트폰으로 트위터를 하면 이런 공간 제약이 무너진다. 140자의 단문만으로 이용하는 트위터와 스마트폰의 만남은 최고의 궁합을 자랑한다.

트위터를 하며 커피도 한 잔 즐기고 싶다면 가장 유명한 '바이오닉 아이Bionic Eye'를 다운받으면 된다. 주변에 스타벅스나 맥도날드 매장이

있는지 알아보려면 아이폰의 카메라로 주위를 슬쩍 둘러보기만 해도
된다. 카메라에 비친 화면에는 길거리가 뜨면서 가까이 있는 매장이 나
타나고 원하는 곳을 선택하면 큰 화살표가 나타나 위치를 가리킨다.

대형 할인매장에서 물건을 살 때 가격을 비교해보고 싶다면 사고
싶은 제품의 바코드를 '레드레이저Red Laser'를 이용해 아이폰 카메라
로 찍어보자. 곧바로 해당 상품이 다른 곳에서는 얼마에 팔리는지 알
수 있다. 물건을 산 뒤 주차장에 왔는데 내 차를 쉽게 찾을 수 없다
면? '카파인더Car Finder'라는 어플리케이션 하나면 복잡한 주차장에서
차를 찾는 일이 아주 쉬워진다.

이 밖에도 헬스나 요가와 관련한 어플리케이션, 자전거와 달리기
같은 유산소 운동 어플리케이션 등 일상 곳곳에서 사용할 수 있는 인
기 어플리케이션이 갈수록 늘어나고 있다. 그중에서도 단연 눈에 띄
는 것은 증강현실 기술을 이용한 어플리케이션이다.

네덜란드에서 처음 실현한 증강현실 기술은 GPS와 카메라의 기능
을 결합해 위치 정보를 입체적으로 확인할 수 있게 해준다. 예를 들어
근처에 맛집이 있는지 알고 싶으면 키워드를 입력하고 카메라로 길거
리를 비춘다. 그러면 바이오닉 아이 같은 어플리케이션이 관련 정보를
입체적으로 보여준다. 거리, 방향, 맛집 정보와 전화번호까지 말이다.

증강현실을 이용한 해외 어플리케이션 중에서 가장 유명한 것은
원조라 할 수 있는 '레이아Layar'이다. 3.0 버전까지 나온 이 어플리케
이션은 증강현실 기능을 마음껏 즐기게 하여 해외뿐만 아니라 국내
사용자들도 많이 사용한다.

국내 인기 어플리케이션

국내의 어플리케이션 개발도 열기를 더하고 있다. 앞서 말한 '카툰 워즈' 같은 어플리케이션은 해외에서도 상당한 인기를 끌었다. 비즈니스 관리 도구인 '어썸노트'도 해외에서 먼저 인기를 얻은 대표적인 국내 어플리케이션이다. 이 어플리케이션도 국내 유료 어플리케이션 중에서 성공한 케이스로 손꼽힌다.

국내 포털 회사나 인터넷 회사들도 다양한 어플리케이션을 개발해 서비스하고 있다. 다음은 이미 아이폰용 서비스를 여러 가지 제공하고 있다. Daum TV팟, Daum 지도, iTistory 등의 모바일 어플리케이션으로 아이폰, 아이팟 터치 사용자들의 호응을 얻고 있다. 그리고 모바일 전용 웹사이트 m.daum.net도 운영하는 등 아이폰 관련 서비스에서는 가장 발 빠른 행보를 보이고 있다.

'I need coffee' 어플리케이션

네이버도 이에 뒤지지 않고 경쟁적으로 어플리케이션을 제공하고 있다. 네이버 지도, 뉴스 캐스트, 오픈 캐스트, 미투데이, 윙버스 등이 네이버의 어플리케이션이다. 네이트도 국내 1위의 메신저 서비스인 네이트온NateOn을 아이폰 어플리케이션으로 제공하고 있다.

이 밖에도 증강현실 기술을 이용한 '아이 니드 커피I need coffee'가 있다. 제니텀에서 개발한 이 어플리케이션은 주변에 원하는 커피숍이 어디 있는지를 찾아주고 그곳까지 가는 길을 안내해준다. 아이폰의 카메라와 콤파스, GPS 기능으로 주변 건물을 인식해 화면과 지도와 찾아가는 길이 나온다. 무료인 이 어플리케이션은 서비스 개시 일주일 만에 내비게이션 부문 1위로 올라섰고, 지금도 꾸준히 업데이트해 고객이 많이 이용하고 있다.

이렇게 개인이나 기업 외에 관공서에서도 아이폰 어플리케이션을 개발해 서비스한다. 예를 들어 기상청은 날씨 예보를 동네별로 스마트폰에서 보고 들을 수 있도록 서비스하고 있다.

비즈니스 분야에서는 워드, 파워포인트, 일정 관리 어플리케이션이 주류를 이루며 국내에서는 동아 비즈니스 리뷰DBR 이용자가 늘고 있다. 앱 버전 책인 앱북App Book, 앱 버전 교육 프로그램인 앱 러닝App Learning, 앱 버전 관리 프로그램인 고객 관리App CRM와 세일즈 관리App SFA 등이 속속 등장하고 있다.

이처럼 아이폰 어플리케이션이 많기 때문에 자연스럽게 아이폰, 아이팟 터치를 이용한 모바일 인터넷 활용도는 그만큼 높아질 수밖에 없다. 이는 당연히 모바일 인터넷 트래픽에서 차지하는 비율도 높아지게 한다. 그렇기 때문에 아이폰과 아이팟 터치 사용자 수가 전체 스마트폰 사용자 수에서 차지하는 비율은 17%밖에 안 되지만 모바일 인터넷 트래픽에서 차지하는 비율은 65%나 되는 것이다.

국내 모바일 콘텐츠가 휴대전화에서 판매되기는 했으나 이렇듯 개인이 어플리케이션을 개발해 소비자에게 판매하기는 어려웠다. 설령 개발한다 해도 금세 인터넷에 복제품이 나돌아 개발자가 수익을 얻기는 거의 불가능했다. 더군다나 혼자 개발하자니 마땅한 판로가 없고 통신사와 거래하자니 진입 장벽이 높아서 앞뒤가 꽉 막힌 상태였다.

그런데 앱스토어가 이 활로를 터주었다. 앱스토어는 모든 어플리케이션의 등록·판매를 미국에서 하게 했기 때문에 복제나 불법 거래를 차단할 수 있다. 그리고 판로가 확실하다. 어플리케이션 개발자들은 '땡큐, 잡스!'라고 생각할 것이다.

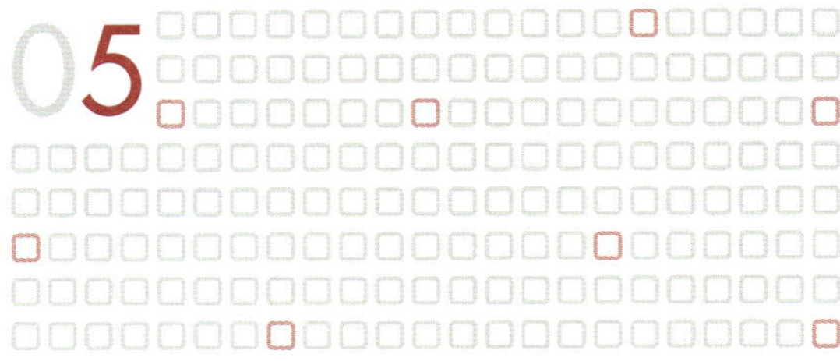

창의적인 고객 기술자가
되는 법

어플리케이션의 매력은 누구든지 아이디어만 있으면 시도해볼 수 있다는 것이다. 어플리케이션은 대개 아이디어를 디자인하는 사람과 프로그래밍할 수 있는 사람이 있으면 개발할 수 있다. 이 두 가지를 나눠서 해도 되고, 개발 능력이 있는 사람이 아이디어까지 있으면 혼자서도 충분히 할 수 있다.

그렇다면 실제로 개인이 애플의 앱스토어에 어플리케이션을 개발해 올리려면 어떤 것이 필요할까? 어플리케이션을 개발하기 위해 필요한 최소한의 도구를 살펴보자.

□ 어플리케이션 개발 도구

매킨토시 컴퓨터 애플의 앱스토어에 맞는 어플리케이션은 맥 OS환경에서만 개발할 수 있다. 그래서 매킨토시 PC가 필요하다. 만약 매킨토시 PC가 없고 윈도 환경의 PC라면 'VMware' 같은 가상 머신을 지원해주는 프로그램을 이용하는 방법도 있다.

SDK 설치 어플리케이션이나 여타 프로그램을 만들 때는 개발 전용 소프트웨어가 필요하다. 개발 전용 소프트웨어가 있으면 훨씬 쉽게 어플리케이션을 만들 수 있다. 아이폰의 경우에는 아이폰 SDK가 있다. SDK는 애플에서 운영하는 '개발자를 위한 사이트 http://develop.apple.com'에서 무료로 내려받을 수 있다. 그리고 애플에서 다운로드받은 SDK로 어플리케이션을 개발했다면 SDK에 포함된 '아이폰 시뮬레이터'를 통해 테스트한다.

아이폰 또는 아이팟 터치 아무리 시뮬레이터로 테스트해도 실제로 사용될 아이폰이나 아이팟 터치에서 테스트해봐야 한다. 컴퓨터 시뮬레이터에서는 무리 없이 작동됐지만 실제 아이폰에서는 안 될 수도 있기 때문이다. 아이폰이나 아이팟 터치 중에서 하나를 선택해 테스트한다. 단, 아이폰의 통화 기능이나 3GS 모델에만 적용되는 어플리케이션이라면 당연히 아이폰에서만 테스트해야 한다.

앱스토어 등록 애플의 앱스토어에 자신이 개발한 어플리케이션을 실제로 등록하려면 '아이폰 개발자 프로그램iDP, iPhone Development Program'이라는 개발자 전용 멤버십에 가입해야 한다. 이때 라이선스 비용으로 1년에 10만 5,000원 정도를 신용카드로 지불해야 한다.

이런 과정을 거쳐 자신이 원하는 어플리케이션을 개발하면 된다. 그런데 개발 능력, 즉 프로그래밍 능력이 없다고 해서 그림의 떡이라고 여길 필요가 없다. 콘텐츠와 아이디어만 있으면 개발은 외주를 주거나 협력관계로 할 수 있기 때문이다.

중요한 것은 창의적 아이디어이다. 어플리케이션 개발 과정을 알았다면 다음은 당연히 앱스토어에 등록하는 과정이다. 자신이 만든 어플리케이션을 앱스토어에 등록하려면 다음과 같은 과정을 거쳐야 한다.

□ 앱스토어 등록 과정

애플 아이디 취득 애플의 아이디는 제품의 고객지원이나 온라인 스토어를 이용할 때 등록하는 사용자 아이디를 말한다. 이 아이디 하나만 있으면 애플의 모든 서비스를 비롯해 어플리케이션을 등록할 때도 사용할 수 있다.

애플 개발자 커넥션 등록 애플 개발자 커넥션ADC, Apple Development Connection 등록은 무료다. 이곳에 등록하게 되면 SDK를 내려받을 수 있고 개발과 관련한 각종 자료와 샘플 프로그램 코드까지 다운로드가 가능하다. 개발에 본격적으로 착수하는 시점이다.

아이폰 개발자 프로그램 구입　ADC에서 등록을 마치고 어플리케이션을 앱스토어에 공개하고 싶은 사람은 아이폰 개발자 프로그램인 iDP에 돈을 지불하고 등록해야 한다. 그런데 무료로 어플리케이션을 앱스토어에서 배포하고 싶은 사람도 일단 iDP에 가입해야 한다. 이때 계약 종류는 세 가지가 있는데, '개인 스탠더드 프로그램', '법인 스탠더드 프로그램', '엔터프라이즈 프로그램'이 그것이다.

이 중에서 법인 스탠더드 프로그램은 법인 자격을 갖춰야 하고 등기부등본과 회사 인감증명서, 사업허가증 같은 공식 문서와 신청자에게 권한이 있음을 증명하는 서류도 있어야 한다. 엔터프라이즈 프로그램은 기업이 아이폰을 이용해 업무용 어플리케이션을 개발할 때 계약을 맺는 것이다.

은행 계좌 등록　어플리케이션을 판매해 벌어들인 돈을 받기 위해서는 은행 계좌를 등록해야 한다. 이때 은행 계좌정보는 모두 영어로 작성해야 하며 달러로 결제된다.

개인 세무 정보 등록　앱스토어는 전 세계에 열려 있는 온라인 장터다. 하지만 실제로는 미국의 애플 본사에서 운영하기 때문에 미국인이 아닌 사람이 어플리케이션을 유료로 판매하면 'W-8 BEN'이라는

	기술적인 단계	서류 작성과 등록
준비기간	매킨토시 준비와 아이폰 SDK 설치	❶ 애플 아이디 취득 ↓ ❷ 애플개발자커넥션에 등록 ＊아이폰 SDK 다운로드
개발기간	어플리케이션 개발 시작 ↓ 시뮬레이터로 검증 ↓ 아이폰에 전송해 검증	❸ 아이폰개발자 프로그램 구입 ＊법인 계약의 경우 인감증명 등 제출 ↓ ❹ 은행정보 수속 ↓ ❺ 세무정보 수속
등록기간	어플리케이션 완성 ↓ 어플리케이션 신청	❻ 고객지원용 페이지 작성 ↓ ❼ 앱스토어 어플리케이션 등록 ↓ ❽ 애플에서 어플리케이션 심사
공개기간	어플리케이션 공개와 업데이트	❾ 어플리케이션 공개 ↓ ❿ 어플리케이션 프로모션 ↓ ⓫ 어플리케이션 업데이트

어플리케이션 개발에서 공개까지

세무 서류를 제출해야 한다. 애플에서 이 서류를 받았다는 사실이 확인되지 않으면 어플리케이션을 팔 수 없다. 한국 사람은 'W-8 BEN'을 등록하기만 하면 국가간 협약에 따라 미국 국세청에서 수익의 10%를 세금으로 원천징수하기 때문에 한국에서는 따로 세금을 내지 않는다.

Part 03

마켓3.0 시대를 지배하는
덴트 지수의 비밀

제2차 세계대전 때 연합군의 맹장으로 활약한 조지 패튼을 다룬 영화 〈패튼 대전차 군단〉을 보면 이런 장면이 나온다. 조지 패튼의 용맹성을 경계한 독일 전쟁지휘부에서는 그의 생각과 성향을 알아내기 위해 본격적으로 연구했다. 독일군은 패튼의 과거와 습관, 성향 등을 세세히 파악하면서 그가 전장에서 취할 전략을 가늠해보려고 애를 썼다. 이때 독일의 한 정보장교는 패튼을 분석해 그의 사고방식대로 생각한다. 그리고 패튼이 역사적인 전투를 하기 위해 이탈리아 시실리로 공격해서 들어올 것이라고 예측한다.

이겨야 할 경쟁자이든 배워야 할 롤 모델이든 간에 중요한 것은 결과만 가지고 분석해서는 부족하다는 것이다. 누구나 인정하는 성공에 대해 어떻게 그런 성과를 가져올 수 있었는지 이해하는 과정이 필요하다. 그래서 겉으로 드러난 수치나 성과만 가지고는 성공비결을 제대로 알아낼 수 없다. 드러나지 않은 핵심 역량을 파악할 수 있어야 한다.

독일군이 어떻게든 연합군과 패튼의 공세를 이겨내려고 안간힘을 쓸 때 패튼의 성향과 사고방식을 연구해 그의 처지에서 생각하려고 했던 것도 마찬가지다. 범죄 드라마를 보더라도 유능한 프로파일러가 범죄자 처지에서 생각하고 행동하며 사건 해결의 실마리를 찾는 장면을 볼 수 있다. 성공 모델에서 뭔가 배우려면 그 모델 처지에서 생각하고 행동할 수 있어야 한다. 상대방의 생각을 읽고 그대로 행동해본 다면 성공요인을 좀 더 찾을 수 있을 것이다.

스티브 잡스와 애플의 성공도 겉으로 드러난 판매수치와 제품 성능으로는 그 비결을 정확하게 알 수 없다. 아이폰을 비롯한 애플의 신제품 자체가 데이터와 기능만으로 성공한 것이 아니기 때문이다. 애플은 제품 자체의 완성도보다 그 제품을 통한 개인과 사회의 변화를 추구했다. 아무리 기술적 완성도나 막대한 자본력으로 애플과 승부하려 해도 그 격차를 쉽게 줄일 수 없는 이유는 애플이 새로운 포지셔닝을 선점해 비즈니스를 주도하기 때문이다.

그렇다면 애플의 새로운 변화를 주도하는 스티브 잡스는 어떤 생각을 하고 어떻게 행동할까? 괴팍하고 독선적이라고 알려진 그의 겉모습에만 현혹되지 말고 진짜 성공비결이 무엇인지 알아보자.

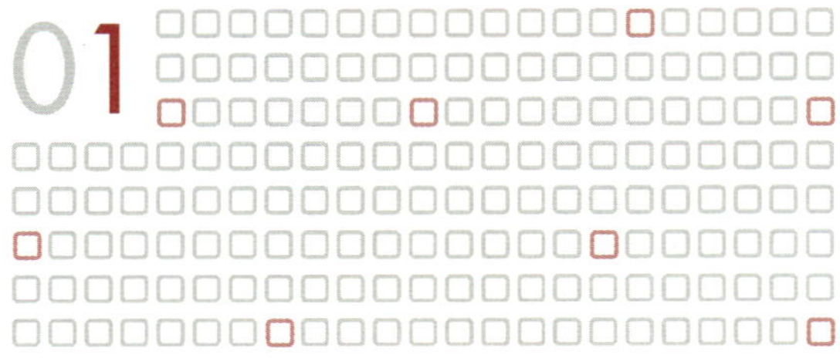

고객의 창의력을
끌어당겨라

"내가 애플에서 해고당한 것은 인생 최악의 사건이다. 하지만 성공이라는 중압감에서 벗어나 최고의 창의력을 발휘할 수 있는 기회이기도 했다."

스티브 잡스가 애플에 복귀한 뒤 과거를 뒤돌아보며 한 말이다. 애플 초창기에 성공의 중압감에 시달리면서 무리수를 두어 실패한 그는 이후 넥스트 사와 픽사 애니메이션을 거치며 창의성이라는 마법 램프를 발견했다. 특히 창의성에서 가장 필요한 능력 관련짓기, 즉 '연관사고Associational thinking'를 통해 시야를 넓혔음은 물론 블루오션을 항해할 수 있는 나침반을 마련했다.

그는 픽사 시절에 연관사고로 컴퓨터 기술과 애니메이션을 연결한

3D 애니메이션으로는 최초의 3D 장편인 〈토이스토리〉를 만들어 대성공을 거두었다. 그때까지 할리우드의 고수들도 성공을 확신하지 못하던 3D 애니메이션을 이방인인 스티브 잡스가 보란 듯이 성공한 것이다.

연관사고의 마법은 애플에 복귀한 뒤 더욱 위력을 발휘했다. 돌아온 방랑자 스티브 잡스는 꽉 막혀 있던 애플의 두뇌회로를 확장했다. MP3플레이어와 소프트웨어를 연결한 아이팟, 휴대전화와 매킨토시 PC의 마우스 및 아이콘을 연결한 아이폰 등 연관사고의 공식인 '1+1 =α'를 선보였다. 아이폰과 아이튠즈 뮤직스토어, 아이팟과 앱스토어, 아이패드와 아이북스의 연관은 황금어장을 만들어냈다.

스티브 잡스의 연관사고는 갑작스레 떠오른 '유레카!'라기보다 고객 경험이 깔려 있는 일련의 법칙이라고 할 수 있다. '덴트 지수DENTS'가 바로 그것이다. 덴트 지수는 자신의 창의력뿐만 아니라 고객의 창의력까지 끌어들이는 고객 참여형 창의력 확대 기법이다.

덴트 지수는 스티브 잡스처럼 생각하고 행동해보기 위한 도구이기도 하다. 실제로 필자는 이 책을 쓰면서 나 자신이 스티브 잡스가 된 것 같은 착각이 들 정도로 그의 사고방식과 행동에 대해 생각해봤다. 그러다가 '잡스가 만약 나라면 어떻게 했을까?'라고 가정하며 잡스처럼 생각하고 행동했다. 스티브 잡스의 창의성 기술은 덴트 지수로 정리할 수 있다.

방향감각, 고객 기술, 창의적 아이디어, 팀워크, 전력질주라는 덴트 지수는 뛰어난 천재의 능력만 바라봐야 하는 한계를 극복할 수 있다는 기대감을 갖게 한다. 스티브 잡스에 대해 알고 싶다면 그의 사고체계와 일처리 방식을 체험해봐야 한다. 우리도 스티브 잡스처럼 새로운 역사를 쓸 수 있다. 무작정 무시하거나 아이디어와 제품을 베끼는 것이 아니다. 스티브 잡스와 애플의 성과를 뛰어넘는 아이디어와 제품을 만들어내기 위한 사고 체계와 작업 과정 훈련이 필요하다.

이 훈련은 스티븐 잡스 스스로 다른 회사의 혁신적 제품을 일일이 뜯어보면서 어떻게 만들었을까 궁리하는 것과 다를 바 없다. 그는 '안에 부속품이 무엇이 들어 있을까?' 하며 들여다보는 게 아니라 도대체 이러한 혁신적 제품이 나올 수 있었던 계기는 무엇일까 고민했다. 그렇기 때문에 기존의 히트 상품을 베낀 아류작이 아니라 시장에 새로운 돌풍을 몰고 오는 제품이 탄생한 것이다.

덴트 지수를 통해 그의 생각을 읽어보고 아이디어 창출 과정을 되짚어볼 수만 있다면 애플은 얼마든지 극복 대상이 될 수 있다. 애플

D	sense of Direction(방향감각)
E	Enablement of customer technology(고객 기술 수용)
N	New idea(창의적 아이디어)
T	Teamwork(팀워크)
S	Sprint(전력질주)

흔적 남기기−덴트 지수(DENTS)

마켓3.0 시대의 스마트 비즈니스 전략

스스로 혁신적 변화로 시장의 최강자로 등극한 것처럼 우리 기업도 충분히 반전의 기회를 마련할 수 있다. 반전의 기회는 막대한 자본력과 물량 공세로는 마련할 수 없다. 스마트한 사고체계와 조직운영, 작업과정이 보장될 때에만 가능하다.

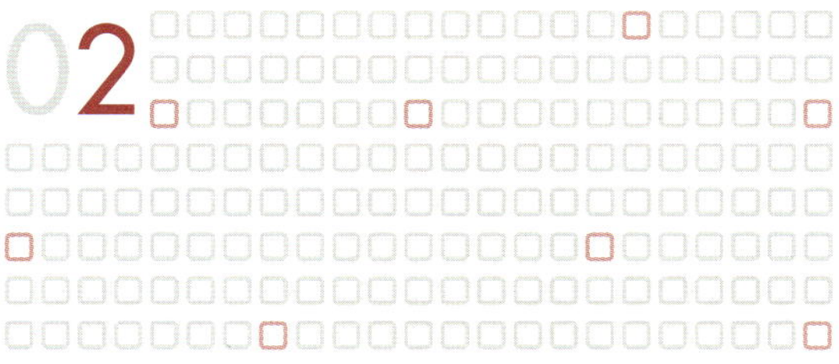

어디에 있는지가 아니라
어디로 갈지를 생각하라

방향감각 : sense of Direction

스티브 잡스는 2007년 1월 아이폰을 발표하는 자리에서 아이스하키 선수 웨인 그레츠키가 "나는 아이스하키의 퍽이 어디 있는지가 아니라 어디로 갈지를 생각하고 경기를 한다."라고 한 말을 인용하면서 "이것이 바로 애플의 정신입니다."라며 발표를 마무리했다.

스티브 잡스는 사업 방향을 잡거나 신제품 개발 콘셉트를 고민할 때 시선을 현재 시장과 기술에 두지 않는다. 기껏 고민하며 내놓은 제품이 현재 시장만 고려한 것이라면 남들과 그다지 차별화되지 않을 뿐더러 성숙된 시장이자 포화상태인 레드오션에서 어려운 경쟁을 해야만 한다.

스티브 잡스는 이처럼 남들이 가는 길과는 다른 방향을 가리키면서 수많은 기업과 리더들이 내세우는 비전의 본질을 제대로 보여주었다. 비전이란 모름지기 남이 보지 못한 것을 보는 것이다. "미래를 정확하게 예측하기는 불가능하다. 다만 우리가 어느 쪽으로 나아가고 있는지를 감지할 수 있을 뿐이다."라고 말한 그는 거창하고 미사여구로 가득 찬 비전을 제시하기보다 냉철하게 안개에 뒤덮인 바다를 바라보았다.

아이팟을 출시한 뒤 곧바로 유망기술이 무엇인지 찾은 그는 지난 30여 년 동안 어떤 신기술이 시장에 나왔고, 또 어떤 기술이 수명을 다했는지 지속적으로 파악했다. 그는 기술이 지나치게 앞서 나가서는 안 된다고 생각한다. 하지만 기술이라는 이름의 달리는 열차에 올라타려면 어느 정도 앞서 뛰어야 한다는 지론도 함께 가지고 있다. 그래서 그는 몽상가가 아니다.

과거와 현재를 눈여겨보면서 가까운 미래를 구상하던 그는 도처에 널린 IT기술을 모방하는 것이 아니라 제3의 활용도를 고안해 새로운 흐름을 주도했다. 지금 우리가 흔히 쓰는 USB를 처음 만들어낸 회사는 인텔이다. 그러나 이를 컴퓨터에 처음으로 적용한 이는 스티브 잡스다. 그는 USB가 사용자에게 매우 편리한 저장 장치가 될 것이라 생각하고 애플의 컴퓨터에 채택했다. 아이폰 역시 마찬가지다. 스티브 잡스가 스마트폰으로 시선을 돌릴 때만 하더라도 그나마 블랙베리가 비즈니스 고객을 대상으로 전체 휴대전화 시장의 10%도 안 되는 영역을 차지하고 있었다. 그러나 스티브 잡스는 늘 그렇듯 시선의 방향을 현재가 아니라 미래와 주변으로 돌렸다.

전면 터치스크린과 애플의 소프트웨어를 결합하면 전혀 새로운 콘셉트의 스마트폰을 만들 수 있다고 본 스티브 잡스는 자기 생각을 실행에 옮겼다. 남들이 보지 못한 방향을 볼 수 있었던 그의 예상은 적중했다. 아이폰 출시 이후 휴대전화 시장에서 스마트폰 점유율은 기어이 10%를 넘어 2015년쯤이면 50% 이상을 차지할 것이란 전망도 나왔다.

이렇게 남들은 그냥 지나쳐버리는 틈새를 발견하고 각각 독립적이던 기술과 소프트웨어를 결합해 새로운 제품을 만들어내는 기발함은 어디서 찾을 수 있을까? 해답은 바로 스티브 잡스가 바라보는 시선의 방향에서 찾을 수 있다. 그리고 그 시선은 아이폰을 뒤로한 채 태블릿 PC로 향했다. 애플의 강점인 PC와 아이폰의 이동성을 결합한 태블릿 PC는 벌써부터 업계에 커다란 반향을 일으키고 있다. 그의 방향감각은 또다시 신천지를 찾아낸 것이다.

이 방향감각은 과거와 현재 그리고 가까운 미래를 예측한다는 것과 애플이 지향하는 방향성을 바탕으로 만들어졌다. 애플이 지향하는 것은 단순히 기기를 만드는 것이 아니라 소비자 개개인이 미디어의 주체가 되고 콘텐츠 유통의 일부가 되는 새로운 사회문화이다. 그렇기 때문에 개인은 애플 제품을 이용하면서 팬이 되어 문화를 공유한다. 디지털 기기 업체 중에서 애플만큼 팬을 많이 보유한 곳은 없다. 마치 콘서트할 때 가수가 무대에서 손가락으로 허공을 가리키면 모두 열광하며 똑같이 그 방향을 바라보고 꿈을 공유하는 것처럼 말이다.

시대를 앞서는 사람은 항상 동시대인보다 한 발짝 앞서 나갔다. 너무 앞서 나가면 불운한 몽상가로 취급되고, 현실에 안주하면 기득권자에 불과하다. 스티브 잡스는 망망대해를 항해하는 선장이다. 항구를 떠난 지 오래된 배가 망망대해에 떠 있으면 자칫 방향을 잃어버려 난파선이 될 수밖에 없다. 이 배의 선장이 제대로 방향감각을 잡아야만 무사히 항해할 수 있다.

지금까지 선장이 훌륭한 방향감각을 발휘해 항로를 잡아온 탓에 선원들의 방향감각도 무시하지 못할 수준이 되었다. 애플이 태블릿 PC를 디자인하고 있을 때 스티브 잡스가 6개월간 병가를 내고 쉬자 그의 선원들은 무사히 개발을 마치고 스티브 잡스가 다시 무대에서 공연할 수 있도록 했다. 맹장 밑에 약졸이 없다는 속담처럼 그의 직원들도 덴트 지수의 첫 번째 공식을 잘 이해한 것이다.

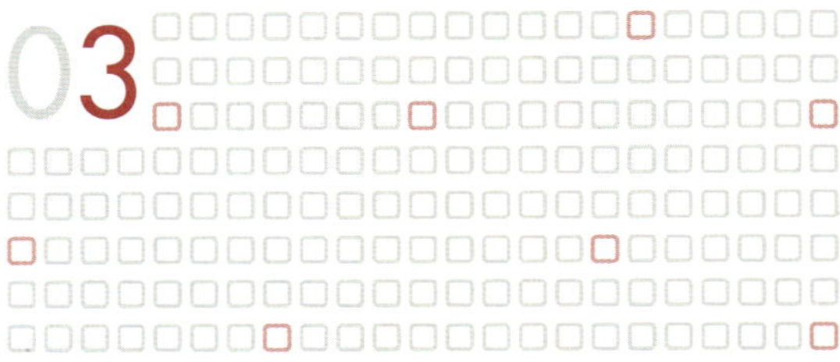

고객의 경험을
제품으로 만들어라

고객 기술 수용 : Enablement of customer technology

스티브 잡스가 아이팟을 만들 때였다. 당시 MP3플레이어는 모든 휴대용 음악기기를 대체했고, 관련 시장은 한국의 아이리버를 비롯한 몇몇 기업이 선점하고 있었다. 시장은 이제 포화상태라는 분석도 심심찮게 나왔다.

스티브 잡스가 아이팟을 내놓았을 때 시장의 반응은 극과 극이었다. 기능과 하드웨어 측면에서 본다면 기존 제품보다 결코 뛰어나다고 할 수 없었기 때문이다. 오로지 심플하고 깔끔한 디자인만으로 승부를 걸려는 것이 아니냐는 조롱 아닌 조롱도 들어야 했다. 결국 기존의 팬이라 할 수 있는 애플 마니아만 구매하는 제품이 될 것이라고 예측했다. 그러나 스티브 잡스에게는 이런 온갖 조롱을 한 방에 날려버릴 묘수가 있었다.

스티브 잡스는 MP3파일을 온라인에서 무료로 다운받을 수 있는 냅스터에 대한 불법 판결을 보고 아이팟에 날개를 달아주기로 결심했다. 음악파일을 무료로 불법 다운받는 것이 금지되자 유료로 음악을 구매할 수 있는 뮤직스토어를 만들기로 마음먹은 스티브 잡스는 주위의 반대에도 굴하지 않고 장터를 개설했다. 이런 스티브 잡스의 아이디어를 두고 수많은 사람이 비아냥거렸다. 그도 그럴 것이 그때까지 온라인에서 공짜로 음악을 구하는 것이 당연시되었기 때문에 누가 돈을 내고 음악을 사겠냐고 본 것이다.

이런 조소와 비아냥거림에 스티브 잡스는 개의치 않았다. 그는 관련업계와 전문가를 의식하고 뮤직스토어를 개설한 것이 아니었다. 그가 바라본 것은 고객이었다. 좀 더 정확하게 말하면 '고객의 경험'이었다. 비록 불법 무료 다운로드가 금지되었지만 그렇다고 해서 MP3플레이어를 사용하지 않는 것은 아니었다. 그보다 온라인에서 쉽고 빠르게 다양한 곡을 찾아서 다운로드하던 경험 때문에 고객은 계속 음악을 다운받으려고 했다. 그러나 불법으로 무료 다운로드할 수 있는 웹사이트를 찾기는 점점 어려워졌다.

스티브 잡스는 이런 고객 경험이 매우 중요하다고 생각하고 아이튠즈 뮤직스토어를 개설하면 사용자들이 분명히 많이 이용할 것이라고 확신했다. 만약 고객이 뮤직스토어에서 좋은 경험을 한 사람이라면 지속적으로 구매할 것이라는 믿음이 있었다.

이처럼 그는 언제나 사용자 경험에 초점을 맞춰 상품을 기획하고 제품을 디자인한다. 심지어 그는 어떤 제품이든 간에 궁금하면 직접 해체해 안을 들여다보며 기술적 특성을 이해하고 직접 사용해보며 사용자 처지가 되는 것을 즐기곤 한다. 그러다 보니 애플의 제품을 설계할 때도 '사용자가 작동하기 쉬우려면 어떻게 만들어야 하나'를 최우선 원칙으로 삼는다. 그래서일까. 애플의 제품들은 복잡한 사용설명서가 없기로 유명하다. 마우스를 아이콘에 대고 클릭과 드래그를 하다 보면 매킨토시는 비전문가도 쉽게 이용할 수 있는 컴퓨터가 된다. 아이팟과 아이폰, 아이패드까지 사용자 친화적인 제품 설계와 디자인은 변함이 없다. 바로 고객의 처지, 고객의 경험을 중요하게 생각한다는 원칙을 지키기 때문이다.

그리고 이러한 고객의 경험을 담아낸다는 애플의 정책은 조금씩 진화했다. 아이튠즈 뮤직스토어에서 고객이 스스로 음악을 골라 구매한다는 경험은 사용자가 직접 콘텐츠를 만들어 방송할 수 있는 아이팟의 팟 캐스팅을 통해 직접 콘텐츠를 생산하게끔 했다. 그리고 아이폰에서는 개인이 어플리케이션을 직접 만들어 세상에 선보이게 했다. 스마트폰은 단지 음성통화만 이용하는 기기가 아니라 손 안의 작은 PC라는 말처럼 다양한 어플리케이션을 즐기는 것이 본질이라고 여긴 스티브 잡스는 개발 공간을 고객에게 공개했다.

스티브 잡스는 고객의 경험으로 만들어지는 수많은 어플리케이션이야말로 새로운 세계를 찾아가는 동력임을 알았다. 이로써 애플은 고객 기술을 끌어들였다. 아무도 생각지 못한 고객 기술의 참여는 엄청난 후폭풍을 일으켰다.

고객의 아이디어와 기술을 끌어들이고 이것을 스스로 만들어 거래할 수 있도록 한 앱스토어는 고객이 풍부한 경험을 제공해 갈수록 흡인력을 높이고 있다. 그리고 이러한 경험은 심리학에서 말하는 '점화효과'를 보여주고 있다. 이 효과는 어떤 특정한 정서와 관련된 정보들이 마치 그물망처럼 연결되어 한 가지 기억 정보가 자극을 받으면 관련된 기억이 함께 생각나는 것을 말한다.

이미 애플의 고객 경험 정책을 겪어본 사람들은 앱스토어를 이용하면서 아이튠즈 뮤직스토어, 팟 캐스팅 등을 별다른 어려움 없이 수월하게 이용할 수 있었다. 또 애플은 어플리케이션도 쉽게 만들고 등록하는 정책으로 세계에서 가장 큰 고객 기술의 페스티벌을 만들었다.

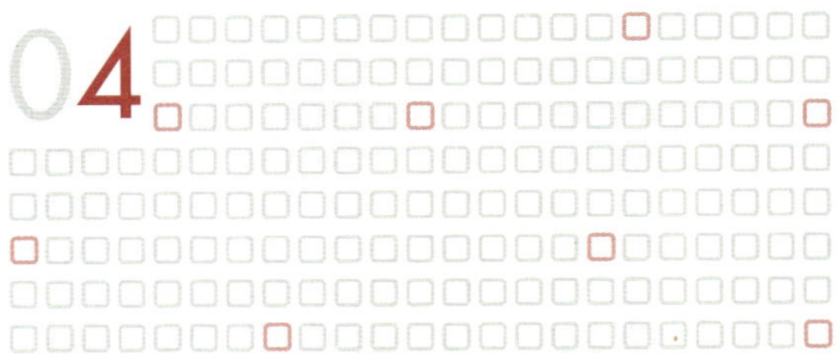

지금까지 성공한
창의적 요소를 결합하라

창의적 아이디어 : New idea

스티브 잡스는 "훌륭한 예술가는 모방하고 위대한 예술가는 도용한다."라는 피카소의 말을 평소 즐겨 인용한다. 천재들은 완전한 무에서 뭔가를 창조한다기보다 또 다른 천재들의 아이디어를 벤치마킹한다는 의미일 것이다. 그래서 스티브 잡스는 천재들의 아이디어를 보고 그것을 자기 일과 연관해 적용해보는 것이 당연하다고 생각한다.

사실 제품이 되었든 예술작품이 되었든 완벽하게 새로운 것은 눈 씻고 찾아봐도 발견하기 어렵다. 헤로도토스 이후 서양 문학에서 새로운 것은 없다. 따지고 보면 모든 작품이 표절의 영역을 넘나들고 있다는 평가가 나올 정도다.

스티브 잡스는 이 세상에 존재하지 않는 뭔가를 창조하려는 신의 영역을 탐내지 않았다. 바벨탑처럼 신의 영역에 도전하기 위해 무리수를 두기보다는 지금까지 성공한 여러 요소를 결합하는 창의성을 추구했다. 이는 창의력 기법인 트리즈TRIZ에서 특허받은 아이디어의 성공 원리를 정리해 벤치마킹하는 것과 같은 방식을 뜻한다.

스티브 잡스에게 창의성은 이렇듯 여러 요소를 독특한 방식으로 결합하는 연관사고의 또 다른 말이다. 디자인만 하더라도 연관사고의 위력이 유감없이 발휘되고 있다. 스티브 잡스가 직원들에게 디자인과 설계 아이디어를 얻으라며 박물관과 미술관에 가도록 하는 이유도 거장들의 영감을 받으라는 것이다. 개발팀을 디자인의 거장인 루이 컴포트 티파니Louis Comfort Tiffany 전시회에 데려가거나 펜실베이니아에 있는 유명 건축물을 보도록 하는 것도 천재의 생각을 읽으라는 의미이다.

스티브 잡스가 생각하는 제품은 기술과 예술의 특성이 결합된 창조물이다. 특히 서로 다른 영역의 장점을 결합하는 것은 창의성의 표현이자 그 자체가 예술 활동과 다를 게 없다. 애플 제품을 선호하는 사람들이 애플의 디자인 철학을 두고 예술작품을 감상하듯 품평회를 여는 것도 어찌 보면 당연하다.

애플의 매킨토시와 아이팟, 아이폰의 공통된 특징은 깔끔하고 단색 위주의 디자인이라는 점이다. 이러한 애플의 디자인은 사용자 편의성과 맞물려 친사용자 제품이라는 명성을 유지하는 데 많은 공을 세웠다. 매킨토시에서 채택된 아이콘과 마우스의 원리는 아이팟에서는 휠 마우스로, 아이폰에서는 터치스크린에서의 손가락 활용으로 이어졌다. 아이튠즈 뮤직스토어와 앱스토어, 아이북스로 이어지는 온라인 장터와 같은 맥락이다.

천재들의 창의성은 다른 천재의 아이디어 원리를 이해해 자신의 아이디어와 연결하는 응용능력이다. 이탈리아의 시스티나 성당 천장 벽화를 그린 미켈란젤로는 자신을 화가라기보다 조각가라고 생각했다. 그런데 성당의 천장 벽화를 그려달라는 의뢰가 들어왔을 때 그는 황당하기 그지없었다. 자칫하면 조각가로서 쌓아온 명성도 일거에 무너질 수 있었다. 더군다나 그냥 캔버스에 그리는 것도 아니고 성당의 천장에 매달려서 그려야 하니 선뜻 수락하기에는 너무 부담이 컸다.

그렇지만 미켈란젤로는 의뢰를 거부하지 않고 어떻게 할지에 몰두했다. 지금까지 해보지 않았던 작업을 하기 위해 그가 생각해낸 것은 천장 벽화 자체만 생각하는 것이 아니라 다른 작업 요소와 방식을 결합하는 것이었다. 그는 계단식 사다리인 비계飛階를 만들고 조각가로서 가지고 있던 인체에 대한 지식과 대칭구조를 활용했다. 그렇게 해서 탄생한 걸작이 시스티나 성당의 천장 벽화이다.

미켈란젤로 같은 거장은 자신의 창의성을 표현할 때 전혀 다른 분야의 요소를 끌어들여 자신의 장점과 접목했다. 스티브 잡스가 디지털 기기를 만드는 분야에만 국한하지 않고 예술과 문화 요소를 적극 활용해 혁신적 아이디어를 끌어낸 것과 같은 원리이다.

서로 다른 요소들의 교차점에서 만난 아이디어는 엄청난 파괴력을 가지고 새로운 방향을 제시한다. 천재들의 머리 맞대기를 보는 듯한 아이디어 결합은 아이폰뿐만 아니라 닌텐도DS나 카메라가 탑재된 휴대전화를 만들어냈다.

　서로 다른 요소의 연관은 익숙한 것들을 조합해 의외성을 제공해준다. "익숙하지만 전혀 다르다."라는 모순의 성공 법칙은 연관사고로만 가능하다. 아이폰이 전면 터치스크린과 와이파이, 휴대전화 기능 등의 익숙한 요소를 조합해 스마트폰의 새로운 모델을 만들어낸 것처럼 말이다.

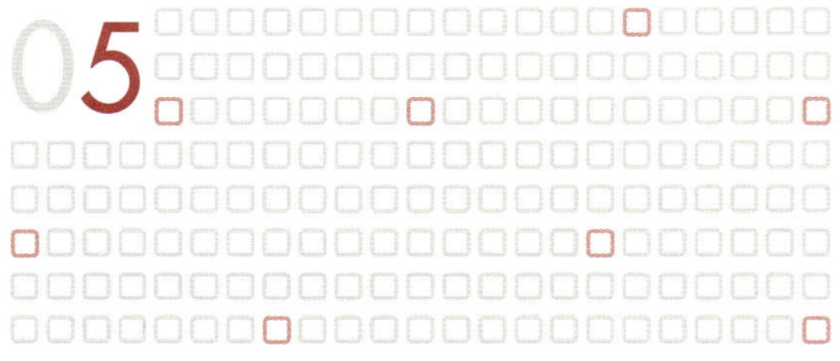

실패 경험을
두려워하지 마라

팀워크 : Teamwork

스티브 잡스는 청바지를 입고 연구실에서 개발자들과 함께 생활한다. 하드웨어와 소프트웨어 개발자들, 디자이너들과 함께 고민하고 공동의 해결안을 찾는다. 그리고 애플 제품들은 하드웨어든 소프트웨어든 애초 정해진 순서와 절차에 따라서만 만들어지지 않는다. 프로그래머와 디자이너, 엔지니어, 마케터 등 다양한 분야의 전문가들은 한 팀이 되어 끊임없이 수정하며 제품을 만들어낸다. 회의와 브레인스토밍을 수없이 거친 뒤 시제품을 만들었어도 단순화에 중점을 두고 수정에 수정을 거듭한다.

다음 단계를 예측할 수 없는 프로젝트는 처음부터 다시 시작하거나 프로젝트 자체가 아예 취소되기도 한다. 그런데 이에 대한 문책이나 마이너스 평가는 없다. 애플의 디자인을 총괄하는 CDO^{Chief Design} ^{Officer} 조나단 아이브^{Jonathan Paul Ive}는 "우리는 여러 개의 모델과 시제품을 만들고 다시 돌아오는 과정을 반복한다. 시제품을 손으로 만져보고 조작해봐야만 뭐가 잘못됐는지 알 수 있기 때문이다. 단 하나의 해결책을 얻기 위해 어떨 때는 창피할 정도로 많은 과정을 반복한다."라고 말했다.

스스로 창피하게 생각할지언정 조직 내부에서는 이러한 모습을 두고 서로 비난하지 않는다. 말로만 실패를 성공의 발판으로 삼자는 둥, 창의적 발상을 키우자는 둥 호들갑을 떠는 기업들과 달리 실패 경험을 자연스럽게 받아들인다. 그렇게 실패하면 할수록 더욱 완벽한 제품을 만들 수 있다는 일종의 공식을 수행하듯 말이다.

스티브 잡스는 개발자들과 수많은 아이디어에 대해 충분히 이야기를 나눈 다음에 "아니요."라고 한다. 혁신은 사내의 수많은 아이디어에 천 번은 "아니요."라고 대답함으로써 잘못된 궤도에 오르거나 생각이 지나친 사항을 확인하는 것에서 출발한다.

스티브 잡스와 애플은 이런 성공 원리를 체득하고 현 시점에서 더 나은 것을 추구한다. 애초에 정해진 것은 없다. 이런 애플의 문화는 개인의 역량을 최대한 키워주기도 하지만 무엇보다 팀워크를 중시하는 조직문화가 제대로 자리 잡을 수 있게 했다. 하나의 프로젝트에 다양한 분야의 인력이 모여 머리를 맞대고 제품을 개발한다.

스티브 잡스는 두 번이나 병가를 내고 회사를 비운 적이 있다. 그러나 그가 잠시 자리를 비웠어도 아이패드는 예정대로 출시돼 시장의 트렌드를 주도하고 있다. 온갖 찬사는 물론 독선적 성격에 독불장군 식 리더십 운운하는 비난을 한 몸에 받는 스티브 잡스 개인이 주도하는 것처럼 보이는 애플은 사실 이렇게 팀워크가 잘 갖춰진 조직이다.

그래서 애플은 이제 스티브 잡스라는 톱스타에게만 의존하지 않는다. 유능한 골잡이 한 명만 존재하는 원톱 방식이 아니라 "우리는 지금 우주에 흔적을 남길 만한 일을 한다."라고 믿는 상당수 직원들이 애플을 움직인다. 애플이 세상을 변화시키고 있다는 사명감으로 일하는 구성원들은 팀워크라는 화수분을 바탕으로 혁신적 제품을 생산하고 시장의 트렌드를 주도한다.

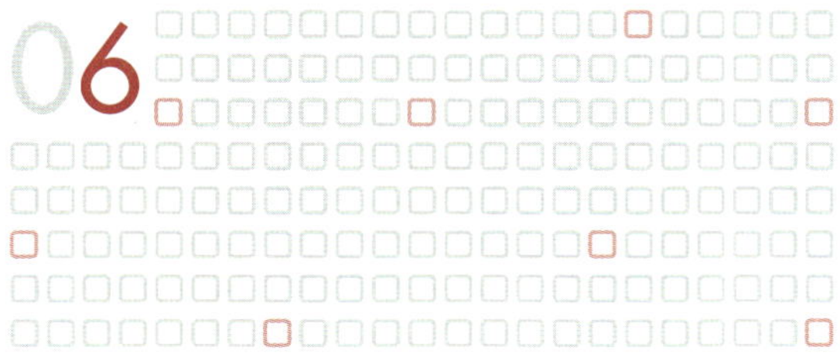

창의성은
혁신적 방법으로 구현된다

전력질주 : Sprint

창의적 아이디어는 혁신적 방법을 만났을 때 폭발력이 더욱 커진다. 애플은 창의적 아이디어를 제품으로 만들 때 혁신적 방법으로 진행했다. 아이팟을 개발할 때도 그동안 존재했던 MP3플레이어를 단숨에 추월할 수 있는 아이디어를 구현하기 위해 다음과 같은 혁신적 방법을 사용했다.

첫째, 디자인 우선의 작업방식을 추구했다. 기업들은 대부분 자동차나 텔레비전 같은 제품을 만들 때 제품의 기능 설계를 마친 뒤 이를 구현할 수 있도록 외부 모양을 디자인한다. 하지만 애플은 달랐다. 먼저 외부 디자인을 만들고 난 뒤 그 틀에서 내부 기능을 설계했다. 그래서 개발과정에서도 디자인과 기능 설계팀이 따로 일을 진행하는 것이 아니라 한 팀에서 동시에 일했다.

둘째, 시장 출시 날짜를 기준으로 설계와 제조 공정을 맞췄다. 크리스마스 시즌이야말로 아이팟 같은 MP3플레이어가 많이 팔리는 시기이기 때문에 이에 맞춰 11월까지 생산될 수 있는 방법을 찾은 것이다.

셋째, 자체 생산 공장 없이 대량생산을 할 수 있는 방법을 찾았다. 애플은 컴퓨터를 만드는 회사이기 때문에 아이팟을 생산할 수 있는 라인이 없었다. 그렇다고 해서 갑작스레 아이팟 생산 공장을 세우거나 관련 인력을 충원하지 않았다. 앞서 말한 바와 같이 출시시기를 정했는데 공장을 세운다며 시간을 다 보낼 수도 없는 노릇이었다. 그래서 생각한 것이 전량 외주 생산이었다.

이 세 가지 혁신적 방법으로 애플은 아이팟을 만들어냈다. 디자인 우선 작업방식은 예상대로 성공해 많은 이들이 디자인만 보고도 구매를 결정할 수 있도록 했다. 제조공정과 생산방식 혁신도 중국의 위탁생산업체를 통해 해결했다. 이로써 애플은 생산보다 개발과 소프트웨어, 마케팅에 역량을 집중할 수 있게 됐다.

애플은 창의적 아이디어와 혁신적 방법의 발굴이라는 문화를 조직 운영에도 그대로 도입했다. 본사에서 직접 해야 할 일과 외주 또는 협업으로 해야 할 일을 구분해 적은 인력으로 유연하게 조직을 운영했다. 또 일반 대기업이 조직을 세세하게 기능적으로 구분한 것과 달리 프로젝트 단위로 팀을 만들었다. 하나의 프로젝트에 디자인과 개발, 설계가 함께 편성되어 있기 때문에 모든 일이 동시에 진행되었다.

애플의 유연한 조직 운영은 '플로팅 오피스Floating Office'라는 개념으로도 이해할 수 있다. 한곳에 있으면서 관료적으로 일하는 것이 아니라 업무에 따라 사무실을 이동하는 것이다. 때론 업무를 수행하기 위해 중국을 비롯한 아시아 지역에 잠시 출장 가는 것이 아니라 아예 거기서 근무하는 것이다. 본사와 커뮤니케이션할 때는 IT시스템을 활용해 실시간으로 진행하면서 시간과 비용을 절약하고 현장성을 강화하는 효과도 거두고 있다.

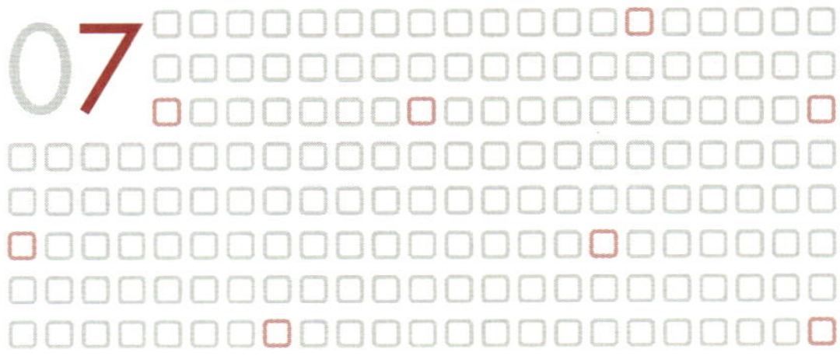

덴트 지수는 새로운 도전을
가능하게 한다

필자는 얼마 전 아이폰의 어플리케이션, 즉 '어플'을 직접 만들었다. 그 어플을 만들면서 만감이 교차했다. 1999년 벤처 버블이 한창일 때 인터넷 관련 사업을 하다 실패한 쓰라린 경험이 떠올랐다. 대기업이야 신규 사업이 망해도 기존의 사업부문이 건재하면 별 문제가 없지만 개인이야 어디 그런가. 그동안 모아놓은 돈을 모두 쏟아 부으며 사업을 하다가 실패하면 말 그대로 무일푼 신세로 전락하고 만다.

사업에 실패하면서 심각한 타격을 입어 한동안 어렵게 생활할 수밖에 없었다. 그러다 기업체 강의를 하고 책을 집필하면서 사정이 조금 나아진 지 5~6년 지났을 때였다. 쓰라린 실패의 기억은 어느덧 희미해지고 또다시 인터넷 사업을 비롯한 IT기술을 활용할 수 있는 사업에 매력을 느끼기 시작했다.

2005년을 기점으로 기능이 좋은 휴대전화가 대거 쏟아져 나오면서 통신 속도가 개선되자 모바일 비즈니스가 성공하기 시작했다. 당시 관련 사업에 관심이 높았던 터라 그때까지 쓴 책과 여러 곳에서 강의한 내용을 모바일로 서비스하는 '모바일북Mobile Book' 사업을 진지하게 검토했다.

요즘 젊은이들이 책을 보지 않는다는 말을 많이 한다. 그러나 책을 보지 않는다고 탓만 할 게 아니라 책을 쉽게 접할 수 있는 환경을 만들어준다면 어떨까 하는 생각이 들었다. 그래서 휴대전화로 언제 어디서나 책을 볼 수 있게 하면 좋을 것 같았다.

모바일북에 대한 생각이 어느 정도 가다듬어지자 이번에는 구체적인 구현방식을 고민했다. 책 내용을 전부 텍스트 방식으로 올리기보다 주요 내용을 플래시로 제작해 보기 쉽고 재미있게 구성한 뒤 서비스하면 되겠다는 판단이 섰다. 그래서 곧바로 '모바일북스'라는 도메인을 확보한 뒤 사업에 착수하려고 했지만 넘어야 할 장벽이 너무나 많았다.

우선 콘텐츠를 플래시로 만드는 일이 쉽지 않았을 뿐만 아니라 당시만 해도 휴대전화 액정 화면이 너무 작아서 글자를 보기 힘들었고, 마케팅도 만만치 않았다. 그중 가장 치명적인 것은 모바일로 서비스하는 기술적 문제가 만족할 만한 수준이 아니라는 것이었고 수익도 장담할 수 없었다.

결국 이 계획은 아이디어 다이어리에 기록해두는 한바탕 꿈으로 끝나고 말았다. 하지만 2009년 아이폰을 써보니 그 꿈을 아이폰을 통해 실현할 수 있겠다는 생각이 들었다. 아이폰은 콘텐츠를 보기에 화면이 충분했다. 그리고 그래픽이나 동영상을 자유롭게 처리하는 기능을 제공하는 스마트폰이었다. 그동안 묻어두었던 꿈을 실현하기엔 더할 나위 없이 똑똑한 휴대전화를 만난 것이다.

기능적인 문제가 해소됐으니 수익창출과 마케팅만 해결하면 당장 시도할 만했다. 다행히 앱스토어라는 열린 공방工房과 장터가 있었다. 누구든 콘텐츠를 쉽게 가공할 수 있는 개발 툴인 SDK가 공개되었기 때문에 자유롭게 해당 어플리케이션을 올릴 수 있는 오픈 마켓은 분명 기회의 땅으로 보였다.

이제 그동안 쓴 책을 모바일북으로 만들 가능성이 충분했을 뿐만 아니라 '내 책을 미국에서도 팔아보자!'라는 10여 년 전 꿈도 이룰 수 있을 것만 같았다. 앱스토어는 내 꿈을 전 세계 사람들에게 손쉽게 보여줄 수 있는 이상향이었다.

콘텐츠를 아이폰의 어플리케이션으로 만들자는 생각을 굳히고 곧바로 어플리케이션을 만들 수 있는 개발자를 찾았다. 콘텐츠는 가지고 있었지만 소프트웨어 개발 전문가가 아니었기 때문에 급히 인터넷에 어플리케이션 개발자를 찾는다는 글을 올렸다.

글을 올린 지 얼마 되지 않아 어플리케이션 개발자에게서 연락이 왔고, 공동개발에 착수했다. 개발자의 조언대로 'YOUNG HAN KIM'이라는 이름으로 개발자 등록을 마친 뒤 열흘 만에 어플리케이션을 개발했다.

마켓3.0 시대의 스마트 비즈니스 전략

콘텐츠가 어플리케이션에서 구현될 수 있도록 설계하고 개발하는 과정에서 지금껏 경험하지 못한 희열을 느꼈다. 테스트에서도 오류 없이 구동되었기에 애플의 승인만 기다리고 있었다.

어플리케이션을 올린 다음에는 시험을 본 뒤 결과를 기다리는 사람처럼 조금씩 흥분되었다. 그렇게 애플의 승인 결과를 기다렸지만 일주일이 지나도 승인 통보가 없어 초조해졌다. 그러다 주말에 앱스토어에 들어가니 그렇게 기다리던 어플리케이션이 등록되어 있었다. 그게 바로 '넛지 지수'이다.

환갑이 넘어 만든 어플리케이션이 앱스토어에 버젓이 올라 있는 것을 보니 30년은 젊어진 것 같은 기분이 들 만큼 감개무량했다. 그 다음 날 앱스토어에 들어가 보니 넛지 지수가 비즈니스 카테고리에서 21위에 랭크되어 있었다. 또 그다음 날 아침에는 11위로 뛰어올랐다. 매일 아침마다 넛지 지수 어플리케이션 순위가 올라가는 흥분되는 일이 계속 벌어졌다.

이제 비즈니스 카테고리 분야의 순위에서 10위 안에만 들어도 좋겠다는 바람으로 넛지 지수를 지켜보았다. 그런데 11위가 된 그날 오후에는 넛지 지수가 3위까지 올라가 있었다. 그날 넛지 지수는 5,000명이 다운로드를 받았다. 기분 좋은 하루하루가 이어지면서 아이폰의 어플리케이션으로 오랜 꿈을 이루었다는 것만으로도 충분히 만족할 수 있었다.

그러나 넛지 지수 어플리케이션은 놀라움을 계속 안겨주었다. 넛지 지수가 앱스토어에 올라간 지 4일째가 되던 날, 비즈니스 카테고리에서 'YOUNG HAN KIM'이라는 이름으로 1위가 된 것이다.

그뿐만 아니었다. 전체 무료 어플리케이션 순위에서도 5위에 올라갔다. 그리고 그날 하루 동안 1만 명 정도가 넛지 지수를 다운로드받았다.

이런 넛지 지수의 반응에 에피소드도 생겨났다. 넛지 지수를 비즈니스 카테고리에 등록했지만 전체 무료 어플리케이션 상위 랭크에 올라 있으니 어플의 성격을 오해한 사람들이 있었다. 그들 가운데 몇몇은 넛지 지수를 단순한 심리 테스트로 착각해 다운로드받았다. 그런데 기대했던 심리 테스트가 아니라서 실망했다는 평이 하나둘 올라왔다.

게다가 넛지 지수를 실행했더니 관련 책을 홍보하는 내용이 나오자 악플까지 단 사용자도 있었다. 좋은 뜻으로 무료로 올린 어플이 이용자에게 실망을 줄 수 있다는 사실에 잠시 멍해졌지만 재빨리 사과하는 댓글을 올렸다. 그런 뒤 커머셜을 삭제한 버전 2.0으로 업데이트했다.

넛지 지수의 개발과 앱스토어 등록 그리고 이용자들이 필자와 의사소통하면서 업데이트한 과정은 앞서 소개한 스마트 단계와 유사하다. 이를 정리해보면, 우선 모바일북을 스마트폰으로 구현한다는 새로운 방향감각을 바탕으로 앱스토어를 통해 사람들을 모았다. 그리고 넛지 지수를 다운로드받은 사용자들은 댓글과 메일 등을 통해 쌍방향 커뮤니케이션을 전개했다.

넛지 지수는 콘텐츠와 모바일, 어플리케이션이라는 전혀 다른 분야의 연관 요소를 생각해서 만든 어플이다. 이 어플은 개인도 충분히 어플을 만들어 올릴 수 있는 혁신적 방법을 애플의 앱스토어를 통해 찾아낸 것이다.

마지막으로 넛지 지수는 IT개발자와 함께 사용자 친화적 어플을 만들기 위해 머리를 맞대고 개발한 팀워크의 산물이다.

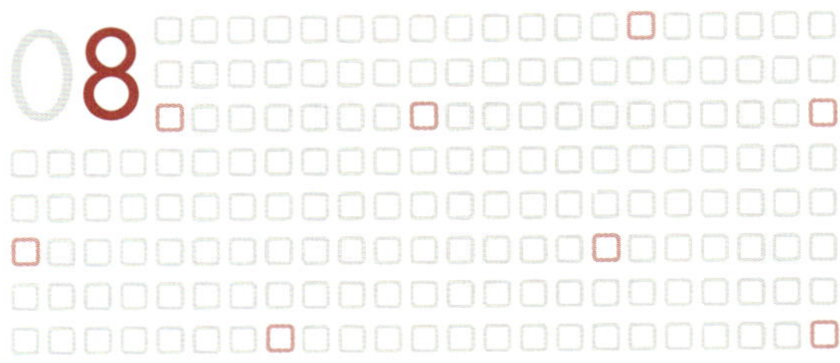

창조 경영은 선택이 아니라
생존의 문제다

넛지 지수를 개발한 필자는 삼성전자, LG전자, 현대자동차 같은 기업체에서 경영 혁신 컨설팅을 진행하고 강의도 한다. 갈수록 빠르게 변하는 경영환경에서 새로운 경영기법을 이해하지 못하면 순식간에 도태될 수 있다는 위기감 때문에 기업의 임직원 교육은 여전히 중요하다.

그런데 이 일은 주로 대학교수나 삼성, LG 같은 대기업 출신 강사들이 한다. 필자도 삼성전자 출신에다 대학 강의 경험이 있어 산업교육계에서는 꽤 알려져 있다. 그래서 한때 대기업의 경영컨설팅도 했지만 컨설팅 시장이 점차 외국계 회사로 넘어가면서 최근엔 강의와 저술 활동에만 전념한다.

인터넷의 출현은 필자의 활동에도 직접적인 영향을 미쳤다. 산업교육도 e-러닝으로 전환되면서 강사가 진행하는 오프라인 교육시장이 점점 축소되고 있다. 이런 추세에 따라 필자는 초기에 중점적으로 했던 마케팅 분야에서 창조경영 분야로 전문 분야를 확대했다. 그래서 회사 이름도 '창조경영아카데미'로 바꾸었다.

창조경영은 4~5년 전부터 삼성이 강조하면서 많은 반향을 불러일으켰다. 필자 역시 창조경영 분야에서 확고한 위치를 차지했다. 그러나 e-러닝이 확대되면서 오프라인 강의가 위축되는 것을 막을 수 없었다. 이제 새로운 패러다임에 맞는 콘텐츠 개발 못지않게 교육방식을 바꾸지 않으면 교육시장에서 살아남을 수 없다는 위기감마저 들었다.

이런 위기상황에서 만난 것이 스티브 잡스의 성공 사례이다. 4년 전 스티브 잡스에 대한 책을 썼지만 이때는 아이폰이 없었다. 그때만 하더라도 스티브 잡스의 천재성이 빛나는 경영방식 혁신에만 주목했다. 그런데 앱스토어를 접하면서 이론적 메시지 발굴에 그치는 것이 아니라 활동에도 변화를 줄 수 있겠다는 생각이 들었다.

아이폰과 앱스토어를 보면서 스티브 잡스와 가상대화를 해봤다. 즉 일을 추진하는 과정에서 '스티브 잡스라면 어떻게 했을까?' 상상하며 가상대화를 나눈 것이다. 이 과정은 꽤 유익했다. 필자가 직접 어플리케이션을 개발하기로 결심하고 기업교육 분야 프로그램을 앱스토어에 올리기로 했을 때 든든한 조언자를 만난 것 같은 기분이 들었다.

필자가 생각한 새로운 비즈니스는 이른바 '앱비즈니스App Business'

다. 과거에 인터넷 비즈니스는 실패했지만 앱비즈니스는 성공할 것 같았다. 그래서 가상의 스티브 잡스에게 멘토링을 받아 앞서 말한 덴트 지수로 '앱 MBA'라는 비즈니스 모델을 추진하기로 했다.

어디로 갈 것인가?

20여 년 동안 필자는 기업체에서 경영혁신과 마케팅 분야 강의를 했다. 이 분야에 대한 책도 썼지만 시간이 갈수록 시장은 점점 더 알 수 없었다. 경영환경과 시대 흐름이 하루가 다르게 변하면서 시장과 개인이 도대체 무엇을 원하는지 딱 꼬집어 진단하기 어려웠다. 이 고민은 전통적 강의 형식이 아직도 유효한가라는 물음으로 이어졌다.

머리를 싸매고 앉아 있다가 문득 스티브 잡스를 떠올렸다. 그라면 이 상황에서 어떻게 했을까? 여기에 생각이 미치자 스티브 잡스가 나에게 말을 걸어오는 것 같았다.

"기존에 하던 비즈니스와 활동을 잠시 잊고 시장과 기술이 어디로 가고 있는지 생각해보세요."

스티브 잡스는 대뜸 현재를 보지 말고 미래를 보라고 권했다. 지금도 골치 아픈데 미래를 보라니 뜬금없는 주문이었다. 하지만 그의 조언대로 생각해봤다. 지난 몇 년 동안 세계적 금융위기를 겪으면서 기업들은 과감하게 구조조정을 했다. 소수정예로 조직을 꾸려가는 것이 대세가 됐다. 그러다 보니 교육 대상 또한 줄어들었고 교육방식도 많이 바뀌었다.

경영방식도 아날로그 방식에서 디지털 방식으로 바뀌는 마당에 교육방식이 변하지 않을 수 없었다. e-러닝으로 대체되는 기업교육 시장에 대한 대책도 마련해야 했다. 비록 가상이지만 스티브 잡스의 조언은 현실을 제대로 보게 하는 계기가 되었다. 하지만 현실을 제대로 볼수록 넘어야 할 장애물도 많았다. 상황이 이러니 갈수록 늘어나는 것은 한숨뿐이었다.

그때 눈앞에 들어온 것이 아이폰 관련 기사였다. 잠시 머리도 식힐 겸 스티브 잡스가 이번엔 어떤 마법을 부렸는지 검색해봤다. 그런데 검색하면 할수록 가슴이 뜨거워졌다. 콘텐츠를 가지고 비즈니스하는 사람들에게 아이폰과 앱스토어는 새로운 기회를 주는 황금의 도시 엘도라도처럼 보였다.

"앱스토어는 아이폰뿐만 아니라 다른 스마트폰에도 빠르게 적용될 테니 앱스토어를 교육과 콘텐츠 비즈니스에서 활용해보시죠."

스티브 잡스는 어느새 안경 너머로 확신에 찬 시선을 보내며 필자에게 말하고 있었다. 실제로 아이폰과 애플의 앱스토어는 이후 경쟁적인 앱스토어 마켓 개설을 이끌어냈다. 그의 말에 고개를 끄덕이며 아이디어 다이어리를 꺼냈다. 다이어리에는 '덴트 지수'라는 제목이 추가되었다.

덴트 지수 밑에 조직과 개인을 분석할 수 있는 여러 항목을 적어보았다. 리더가 되었든 개인이 되었든 간에 덴트 지수 항목을 자신에게 물어보고 자기 진단을 할 수 있는 지수를 만들어본 것이다. 스티브 잡스의 천재성을 칭찬만 하지 말고 벤치마킹해서 자기 자신은 물론 자신이 속한 조직이 어떻게 변화를 이끌어낼지 알아보라는 것이다. 이런 생각으로 만들어본 덴트 지수 가운데 가장 먼저 생각한 것이 방향 감각이다.

- ☐ 환경 변화와 트렌드에 맞게 나아갈 방향을 조정한다.
- ☐ 모든 계층의 구성원이 회사 목표를 인식하고 있다.
- ☐ 모든 구성원이 환경 변화를 알고 있고, 여기에 대응하기 위해 변화를 감수한다.
- ☐ 리더가 조직의 비전과 가치를 제시하고 사원들에게 전파한다.
- ☐ 고객이 원하는 새로운 가치를 만들어내는 방법을 알고 있다.

DENTS 1 방향감각

고객 기술을 끌어들여라

덴트 지수를 하나씩 적으면서 흥분과 동시에 민망함이 몰려왔다. 사실 스티브 잡스가 가상으로 건넨 멘토링은 지금껏 해온 방식이 옳다고 생각하던 고정관념을 단숨에 무너뜨렸다. 세상은 인터넷을 뛰어넘어 모바일로 가는데 아직도 아날로그 방식으로 생각한다는 것이 스스로 한심스러웠다.

그렇다고 해서 주눅이 들어 앉아 있을 수는 없었다. 이제 스티브 잡스에게 질문을 던져야 할 차례라고 생각했다. 자괴심 때문인지 다소 도발적인 질문이 나왔다.

“앱스토어와 인터넷서점의 차이는 대체 뭐요?”

“인터넷서점에서는 작가의 콘텐츠만 거래하지만 앱스토어에서는 고객이 만든 콘텐츠를 거래하기 때문에 고객을 끌어들이는 효과가 매우 크지요.”

스티브 잡스의 대답은 선뜻 이해되지 않았다. 그래서 고개를 갸웃거리자 그는 은회색 늑대의 털처럼 덥수룩한 수염 사이로 미소를 보였다. 행간을 잘 읽으라는 것처럼 느껴졌다.

“그래! 지금까지 자신이 만든 콘텐츠를 전통적 방식으로만 유통하려고 했구나. 쉽고 유용한 콘텐츠를 만들어 모바일에서 빠르게 제공하면 언제 어디서나 쉽게 콘텐츠를 볼 수 있겠군.”

작가나 고객이나 모두 콘텐츠를 만들어 인터넷서점과 앱스토어 같은 유통공간을 이용한다. 하지만 유통되기까지 거쳐야 하는 공정은 천지차이다. 더군다나 인터넷서점은 유통만 인터넷에서 한다 뿐이지 판매나 광고 등은 오프라인에서 하는 것과 별반 다르지 않았다. 개인이 혼자서 시도하기에는 너무 어려웠다.

필자는 그동안 50여 권의 경영실용 도서를 저술했으므로 콘텐츠가 많다. 지금까지 전통적 방식으로 콘텐츠를 만들었다면 이제는 앱스토어에서 거래할 수 있는 방법을 모색하기로 했다. 지금까지 썼던 책 중에서 유용하고 재미있는 콘텐츠를 뽑아 앱스토어 고객 속으로 뛰어들기로 한 것이다.

그런데 경영관련 분야의 집필과 강의만 했을 뿐 어플리케이션을 만들어본 경험이 없었다. 개발 능력이 없기는 매한가지였다. 다시 스티브 잡스를 불러낼 순간이 됐다.

"나는 어플을 만들 능력이 없는데 어떻게 해야 할까요?"

"모든 것을 혼자서 할 수는 없는 노릇이지요. 개발 기술이 있는 사람과 협력하는 방법을 찾아보세요."

독불장군으로 알려진 스티브 잡스가 이런 말을 하다니 놀라웠다. 가상대화이기 때문에 그동안 알고 있던 그의 이미지가 투영된 답변이 나와야 하는데 의외였다. 좀 더 정확하게 말하면 아이폰을 검색하면서 변화된 그의 모습을 조금씩 인지하고 있었는지도 모른다. 어쨌든 그의 조언대로 하기로 하고 우선 아이폰을 구입했다.

"이건 뭐야? 그냥 폰에 있는 기능만 사용하는 게 아니라 사용자 스스로 어플리케이션을 찾아서 사용하는 거라고?"

앱스토어에서 간단한 어플을 다운로드받아 사용하면서 적잖이 놀랐다. 그동안 주는 대로만 받아먹는 새장 속의 새처럼 이동통신사와 단말

□ 직원들은 핵심 고객이 누구인지, 그들이 무엇을 원하는지 알고 있다.

□ 시장의 트렌드나 기술 변화를 제품이나 서비스에 반영한다.

□ 모든 구성원이 고객 만족과 불만족 사항을 알고 있다.

□ 고객의 아이디어를 업무에 적극 반영한다.

□ 우리가 만든 신상품이 시장에서 좋은 반응을 얻는다.

DENTS 2 고객 기술

기 업체에서 제공하는 기능만 쓰던 것과 달랐다. 더군다나 꽤 괜찮은 콘텐츠를 무료나 저렴한 가격으로 이용할 수 있다니 놀라울 뿐이었다.

"그럼 나도 내 콘텐츠를 개발해 무료로 많은 사람에게 제공해볼까?"

혼자 중얼거리듯 말하자 스티브 잡스는 말없이 웃기만 했다. 한번 해보라는 뜻이다 싶어 용기를 얻어 개발자를 찾았다. 그리고 아이디어와 콘텐츠를 건네주었다. 이렇게 해서 나온 것이 넛지 지수라는 어플이다. 직접 개발한 넛지 지수 어플을 내 아이폰에서 작동해보니 감회가 새로울 수밖에 없었다.

창의 사고를 하라

넛지 지수 어플을 개발한 뒤 직접 아이폰에 다운로드받아 사용하면서 내친 김에 스티브 잡스에게 좀 더 조언을 구해보기로 했다.

"이렇게 하면 어플은 돌아가는데 과연 이것으로 비즈니스를 할 수 있을까요?"

"이 세상 대부분의 창의력은 연관사고를 통해 발휘됩니다. 지금 하는 일과 새로운 기술 그리고 방식을 연결할 수 있는 방법을 생각해보세요."

서로 다른 요소를 연관시켜라? 한 분야에만 집착하면 자칫 잘못하다가 우물 안 개구리가 될 수 있다는 말로 들렸다. 일단 앱스토어의 흐름을 살펴봤다. 앞으로 앱스토어에는 직장인 고객이 몇 백만 명 모일 것이 틀림없었다. 아이폰이 아니라도 스마트폰의 확장 추세를 보면 애플뿐만 아니라 다른 앱스토어가 활성화되리라는 전망은 이미

많은 이들이 하고 있었다.

아이폰이 국내에 상륙한 지 얼마 지나지 않아 많은 사람이 소액결제로 유용한 어플을 구매했다. 또 필요하다면 1~2만 원짜리 어플도 구매해 사용했다. 스마트폰이 고가 액세서리가 아니라 업무나 일상에서 유용한 도구로 자리매김하고 있다는 증거였다.

고객과 고객의 기술이 몰려드는 엘도라도 앱스토어는 분명 기회의 땅이었다. 경영 관련 콘텐츠를 다양하게 가지고 있고 경영대학원에서 교수로 근무한 경험을 살리면 스마트폰에 어울리는 콘텐츠 어플을 만들 수 있을 것 같았다. 이렇게 내가 가지고 있던 장점과 새로운 앱스토어의 장점을 연관해보니 '앱 MBA'라는 아이템이 떠올랐다.

"좋았어. 앱스토어에 경영대학을 만들어보자!"

단순히 어플을 한 개 올리기보다 아예 경영대학이나 대학원처럼 여러 과정을 묶어서 앱스토어 MBA를 개설하자는 목표를 세웠다. 그

□ 창의적 아이디어를 활발히 제시한다.

□ 새로운 아이디어가 나오면 적극적으로 실행한다.

□ 새로운 콘셉트의 아이디어가 제품이나 서비스에 반영된다.

□ 구성원이 모두 학습하고 정보를 공유한다.

□ 창의적 아이디어를 내고 수렴하는 방법론을 알고 있다.

DENTS 3 창의적 아이디어

리고 관련 어플이 앱스토어에 있나 검색해봤더니 미국에서 개발된 '포켓 MBA'라는 어플을 찾을 수 있었다. 그러나 이 어플은 영문으로만 서비스되어 우리나라에서는 그다지 유용할 것 같지 않았다. 또 우리 경영환경과 비즈니스 구조에 맞는 콘텐츠가 아니었다. 결국 그동안 집필한 책의 콘텐츠를 음성과 텍스트를 결합하는 방식으로 꾸며 새롭게 어플을 만들 수 있겠다는 생각이 들었다.

스마트폰의 장점도 적극 이용하기로 했다. 터치스크린으로 수강자가 반응을 보일 수 있는 장점을 활용하기 위해 콘텐츠 구성에 터치 기능을 활용하는 방법을 찾았다. 또 강의 후반부에는 수강자가 참여할 수 있도록 '터치 퀴즈Touch Quiz' 기능을 삽입했다. 터치 퀴즈는 간단한 설문이나 퀴즈에 수강자가 능동적으로 참여해 학습에 흥미를 느낄 수 있도록 했다.

스티브 잡스가 말한 연관사고는 마치 맥가이버가 된 듯한 느낌이 들게 했다. 얼핏 보면 전혀 연관성이 없는 여러 물건으로 새로운 것을 뚝딱 만들어내는 것처럼 말이다. 창의적 아이디어라고 해서 꼭 하늘에서 영감을 받아야 하는 것은 아닌가 보다. 잠시 숨을 돌리며 가상의 스티브 잡스를 불러냈다.

"시야를 넓히면 숨어 있는 연결고리를 발견할 수 있다는 말이죠?"

스티브 잡스는 고개를 끄덕이며 아이폰과 신문을 들고 서 있었다. 세상에 뭔가를 또 내놓기 위해 그 자신도 연관사고를 하는가 보다. 서로 목표가 달라도 추구하는 방법은 같다는 생각이 들어 흐뭇했다. 그러나 흐뭇한 마음과는 별개로 또다시 아이디어 다이어리를 꺼내들었다. 세 번째 덴트 지수인 창의적 아이디어를 기록하기 위해서다.

혁신적 방법을 찾아야 한다

앱 MBA를 앱스토어에 개설하자는 아이디어는 좋았으나 구체적 개발 계획이 좀처럼 수립되지 않았다.

"또 한 번 스티브 잡스를 불러내 물어볼까?"

그러나 새로운 기회를 찾아가는 과정까지는 그가 안내했다 해도 내 머릿속에 들어 있는 것을 그리는 일은 그의 몫이 아님을 잘 알기에 그를 부르지 않기로 했다. 일단 종이를 한 장 꺼내놓고 생각나는 것을 메모했다.

"앱 MBA를 구축하려면 다섯 가지 조건이 충족돼야 해."

머릿속에 정리된 앱 MBA 구축 조건 다섯 가지는 다음과 같다.

■ 이왕 시작하려면 가장 먼저 하자.

■ 한 번에 여섯 가지 과정을 동시에 개발하자.

■ 고객이 참여할 수 있는 기능을 넣자.

■ 어플 가격은 1.99달러로 하자.

■ 앱App과 웹Web을 연결하자.

다섯 가지 조건을 정리하고 나니 이번에는 조건을 어떻게 충족할 지가 관건이었다.

"산 넘어 산이라더니 산을 빨리 넘을 장비가 없네."

콘텐츠는 직접 만들 수 있지만 다섯 가지 조건을 충족시키는 방법은 몰랐다. 어쩔 수 없이 그를 다시 불러냈다.

"내가 아이팟을 만들 때와 상황이 똑같군요. 아이팟을 처음 떠올릴 때만 해도 애플은 공장도 없고 아이팟을 만들 기술도 가지고 있지 않았죠. 그러나 우리는 7개월 만에 해냈고 2억 대 이상 만들어냈습니다."

이건 숫제 기를 죽이는 말이지 않은가. 주눅 든 것처럼 보일까 봐 헛기침을 하며 구체적인 방법을 물어보았다.

"우린 아이팟 출하 날짜를 크리스마스 시즌으로 정했죠. 그리고 거꾸로 개발 방법과 생산 방법을 찾았답니다."

결승점을 정해놓고 어떻게 하면 빨리 갈 수 있을지 고민했다는 얘기였다. 하긴 무조건 빨리 달리라고 해서 신기록이 나오는 것은 아니다. 100m, 5,000m, 10,000m, 42.195km를 정해놓고 그 거리에 맞는 주법走法을 찾는 게 정답이다.

□ 새로운 일에 적극적으로 앞장서서 행동한다.

□ 고객 요구를 충족하기 위해 업무 프로세스를 개선한다.

□ 여러 부분에 연결된 일을 유연하게 처리한다.

□ 전략적 목표를 달성하기 위해 일하는 방법을 바꾼다.

□ 현장 중심으로 운영하고 간결한 절차에 따라 업무를 처리한다.

DENTS 4 팀워크

마켓3.0 시대를 지배하는 덴트 지수의 비밀

일단 콘텐츠를 단순화해 쉽게 제작할 수 있게 했다. 먼저 여섯 개 과정을 개발하고 콘텐츠를 오디오와 프레젠테이션 파일로 구성하기로 했다. 그리고 넛지 지수 개발자를 만났다.

"앱 MBA의 기획안인데 이 정도 구상이면 개발 기간이 얼마나 걸릴까요?"

"어디 볼까요. 이 정도면…… 대략 한 달 반 정도는 걸릴 것 같은데요."

새롭게 비즈니스를 전개하려는 시점과 얼추 맞아떨어졌다. 이제 남은 것은 실행뿐이라는 생각에 개발 의견을 받아들이고 곧바로 작업하기로 했다. 그리고 또 한 번 아이디어 다이어리에 항목을 추가했다.

전력질주

새로운 앱 비즈니스를 위한 앱 MBA 구축 작업은 서서히 윤곽을 드러냈다. 막연한 꿈이 점점 또렷한 그림으로 나타나자 열정은 더해갔다. 진행 중인 원고 집필 작업과 앱 MBA의 어플 개발 그리고 웹사이트www.appconsulting.kr 구축을 동시에 진행해도 힘든 줄 몰랐다. 그중에서 가장 중점을 두고 있는 앱 MBA는 과정 설계가 무엇보다 중요하기 때문에 여섯 개 과정으로 구성했다.

- **비즈니스**-앱 비즈니스, 닌텐도의 진화전략
- **리더십**-멘토 리더십, 창조 리더십(펭귄을 날게 하라)
- **성공학**-마이 석세스 플랜, 총각네 야채가게

- **마케팅**−넛지 마케팅, 스타벅스 감성 마케팅

- **세일즈**−스토리텔링 세일즈, 고객 접점 혁신

- **창의력**−창의력 트리즈TRIZ, 서른 법칙

앱 MBA 여섯 개 과정은 그동안 냈던 책을 골라 주제를 정하고 콘텐츠를 개발했다. 콘텐츠마다 후반부에서 해당 지수를 측정할 수 있는 지수를 배치한다는 애초 계획대로 지수를 각각 개발했다. 또 이 지수를 활용해 자기 지수를 측정할 수 있도록 터치 기능과 연계된 콘텐츠도 구성했다.

"이제 녹음하는 일도 마무리했군요. 그러면 당신이 할 수 없는 일은 어떻게 할 건가요?"

녹음 스튜디오에서 강의 녹음을 마치자 스티브 잡스는 혼자서 할

손 안의 경영대학 앱 MBA

수 없는 일의 대책을 물었다. 이제 나 스스로 답을 찾아야 하나 보다.

"여섯 개 과정의 녹음 내용과 슬라이드를 일체화하는 작업부터 마무리해야죠. 그래야만 어플 개발자가 전체 구성과 흐름을 읽을 수 있을 테니까요."

이제 혁신적 비즈니스를 진행하는 과정이 몸에 익었는지 별 다른 조언 없이 작업을 진행하고 있었다. 기획과 강의는 필자가, 어플과 웹사이트 개발, 녹음 작업은 관련 전문가들과 팀을 이뤄 해냈기에 단시간에 어플을 만들 수 있었다. 과거에도 팀워크를 강조했지만 이처럼 완전히 수평적 네트워크를 만들어 팀워크를 수행한 적은 없었다. 어플 개발자에게 작업을 맡긴 지 2주가 지나자 여섯 개 과정의 어플이 완성되었다. 앱스토어에 올리기 전에 2주 정도 테스트를 거쳐 수정·보완 작업을 했다. 그리고 앱스토어에 올리기 위해 애플로 어플을 보냈다. 이렇게 기획에서 개발, 강의 녹음, 테스트, 앱스토어 신청까지

□ 내부고객 개념을 바탕으로 부서와 개인이 서로 서비스한다.

□ 조직 내부의 계층이 얇으며 상하 커뮤니케이션이 원활하다.

□ 여러 부문의 사람들이 공동으로 프로젝트를 진행한다.

□ 구성원끼리 마음 놓고 대화할 수 있는 분위기다.

□ 외부와 협력이 잘된다.

DENTS 5 전력질주

한 달 반 정도 시간이 걸렸다.

앱 개발이 끝나자 희망을 안고 애플에 승인신청을 냈다. 2주일이 지나도 승인이 나지 않아서 문의를 하니 문제가 있어서 거절한다는 것이다. 수정해서 다시 신청해도 또 문제가 있어서 거절됐다. 세 번째 신청을 했고 4월 말에 승인이 났다.

'앱 MBA'가 앱스토어에 올라간 첫날은 기대감에 잠을 제대로 잘 수 없었다. 새벽에 일어나 아이폰을 켜고 앱스토어에 들어가보니 비즈니스 분야에서 8위에 랭크되어 있었다. 순간 온몸에 짜릿한 쾌감을 느낄 수 있었다. 드디어 나도 우주에 흔적을 남길 만한 일을 했구나 싶었다.

이후로 새벽마다 같은 일이 반복되었다. 앱스토어에 올라간 지 일주일 만에 비즈니스 분야에서 1위로 올라섰다. 일주일이 되는 날에 전체 유료 앱 분야에서도 10위에 올라섰고 열흘이 되자 수백 명씩 다운을 받아서 유료 앱 분야 6위까지 올라갔다.

20여 년 전에 꿈꿨던 소망에 대한 공감이 있었기에 이렇게 한 방향으로 항해했던 게 아닌가 싶다. 그 소망을 스티브 잡스에게 말했다. 그 역시 계산기를 두드리기보다는 꿈을 꾸는 게 더 어울리는 사람이기 때문이다.

"미스터 잡스, 난 젊었을 때 이런 꿈이 있었어요. 나중에 사회적으로 어느 정도 성공하면 작은 전문대학을 세워보는 것이었죠. 그 꿈을 꾼 지 20여 년 만에 당신 덕분에 '손 안에 대학'을 오픈했으니 내 꿈이 이뤄진 게 아닌가요?"

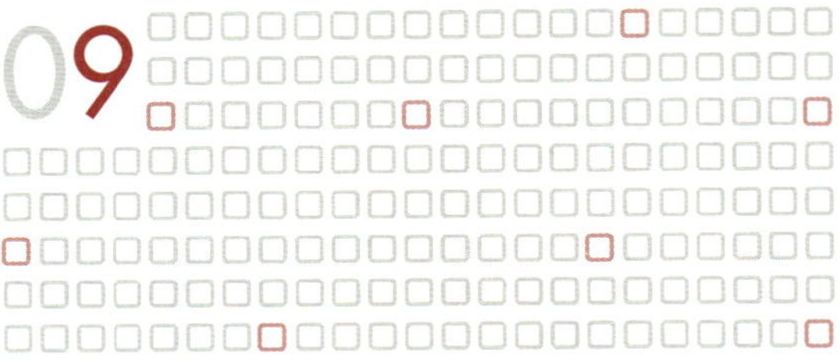

새로운 비즈니스 모델의
탄생

안철수 카이스트KAIST 석좌교수는 "국내 기업은 아이폰의 디자인을 베끼거나 화면을 똑같이 만든다고 하더라도 비슷하게 만들 수 없다. 아이폰은 단순한 휴대전화가 아니라 그 자체가 비즈니스 모델이기 때문이다."라고 말했다.

이 말을 다른 말로 바꾸면 이렇다. "아이폰은 고객 기술에 의해 새로운 가치를 창조하는 참여형 기기이다. 앱스토어가 나타나기 이전에는 기기의 가치를 기업이 결정했고, 고객은 기업이 결정한 대로 이용할 수밖에 없었다. 그러나 아이폰은 고객이 스스로 가치를 높여 갈 수 있도록 길을 만들어주었다."

이제는 고객이 능동적으로 어플리케이션 개발에 참여할 수 있게 된 것이다. 고객은 자신의 기술로 필요한 어플리케이션을 스스로 개발하고 거래도 할 수 있다.

이제 고객 기술자는 기업 내부에서 목표에 쫓겨 상상력이 제한된 월급쟁이 개발자보다 훨씬 재미있고 창의력 넘치는 어플리케이션을 개발할 수 있다. 앱스토어에는 기업 내 개발자 못지않은 우수한 고객 기술자가 20만 명 가까이 활동하고 있으며 그 수는 점점 증가하는 추세이다. 이들은 앱이라는 새로운 비즈니스 기회를 이용해 새 비즈니스 모델을 개발할 수 있다.

고객 기술은 기업에게 다섯 가지 변화 기회를 주고 있다. 첫째, 아날로그 형태로 운영되던 사업 방식에서 모바일 기기를 이용해 디지털 고객을 잡을 수 있는 새로운 비즈니스 모델을 만들 수 있다. 현대인이면 누구나 휴대하는 모바일 기기를 기회로 삼아 새로운 시장을 창출하고 사업방식의 변화를 꾀할 수 있다.

둘째, 새로운 제품을 개발할 수 있다. 소프트웨어나 콘텐츠를 보강하는 새로운 제품을 개발해 자신만의 수익모델을 만들 수 있다. 그래서 누구나 손쉽게 어플리케이션을 개발할 수 있으므로 다양한 형태의 신제품이 만들어질 수 있는 시장의 변화를 적극 이용해야 한다.

셋째, 새로운 시장을 개발할 수 있다. 휴대전화는 세계 공용으로 쓰이는 기기이다. 기술 방식이 표준화되어 있기 때문에 국내에서 개발한 어플리케이션을 미국이나 유럽에서도 판매할 수 있다. 기존 제품도 앱스토어를 이용하면 글로벌 마케팅이 가능하다.

넷째, 기업 내부를 혁신할 기회를 준다. 스마트폰은 지역, 계층, 분야 간의 커뮤니케이션을 빠르게 하고 지식과 정보 공유를 쉽게 한다. 또 내부 업무 프로세스를 개선하거나 업무 방식을 고객 중심으로 바꿀 기회를 준다.

다섯째, 앱을 마케팅에 활용한다. 스마트폰은 사람들이 24시간 휴대하므로 이를 마케팅에 활용하면 놀라운 효과를 볼 수 있다.

스마트폰은 '4R'를 가능하게 해준다. Reach(도달), Reality(실제 체험), Real place(실제 위치), Real communication(실시간 커뮤니케이션)이 가능한 마케팅 수단이다.

필자는 앱스토어에서 고객 기술로 만든 다양한 어플리케이션을 보면서 새로운 비즈니스를 만들 수 있는 신무기라고 생각했다. 그리고 스스로 앱 MBA라는 어플리케이션을 만들고 여러 종류의 교육 콘텐츠를 제작했다. 이 새로운 앱 콘텐츠로 앱러닝App Learning을 할 수 있을 것이라는 생각이 든다.

앱러닝 콘텐츠는 수많은 기업이 효과적으로 사용할 수 있는 교육도구이다. 특히 전국 지점에 있는 영업사원이나 서비스 사원들에게 모바일 교육을 실시할 수 있다. 이와 같은 판단을 바탕으로 스마트폰을 이용한 교육 동영상이 유용하겠다고 생각하고 하나은행 인재 개발부에 앱러닝을 제안했다. 은행의 창구 업무 직원을 근무시간에 뽑아서 교육하기가 쉽지 않은 상황이다 보니 하나은행은 이를 흔쾌히 받아들였다. 하나은행 앱러닝 어플리케이션을 개발하고 앱 MBA를 위해 개발한 경영 콘텐츠를 제공했다.

앱스토어에는 세계 최첨단 기술을 활용해 만든 유용한 어플리케이션도 많다. 필자는 틈나는 대로 앱스토어에 들어가 새로운 어플을 찾아서 학습했다. 그중 증강현실 기술을 이용한 '아이 니드 커피'라는 국내 어플을 보면서 증강현실 기술을 여러 분야에 응용할 수 있을 것이라 판단했다. 그래서 평소 친분이 있는 '예 메디컬' 박인출 회장을 찾았다. 예 메티컬은 전국 80여 치과 병원이 네트워크를 이룬 메디컬 그룹이다. 이 그룹에는 병원 컨설팅을 하는 '메디 파트너'라는 컨설팅 회사가 있다. 박 회장에게 '아이 니드 커피' 어플리케이션을 보여주면서 이 기술을 이용한 '병원 찾아가기' 어플리케이션을 개발해보자고 제안했다. '병원 찾아가기' 어플리케이션은 전문 개발자에게 의뢰해 2010년 4월부터 서비스되고 있다. 메디 파트너는 앱을 이용해 새로운 형태의 비즈니스 모델을 창출해낸 것이다. 이처럼 앱을 이용해 새로운 비즈니스 모델을 개발할 수 있고 내부 혁신에 도움이 된다는 사실에 고무되었다.

앱 비즈니스 시장에는 고객인 기업의 요구가 있었다. 그리고 앱이 기업에게 효율적이고 효과적인 비즈니스와 교육을 해준다는 것을 누구나 인정했다. 따라서 앱 비즈니스 컨설팅이 가능하다고 생각했다. 게다가 10년 전 e비즈니스 컨설팅 사업을 한 경험이 있어서 이것을 통해 새로운 비즈니스 기회를 쉽게 발견할 수 있었다. 그리고 이 기회를 이용해 앱 컨설팅 사업을 시작했고, 회사 비즈니스 모델을 교육에서 컨설팅으로 바꾸는 것이 좋겠다는 생각이 들어 회사 이름도 앱컨설팅(주)로 바꾸었다. 그리고 누구나 손쉽게 앱을 개발할 수 있는 '앱 에디터App Editor'를 개발했다.

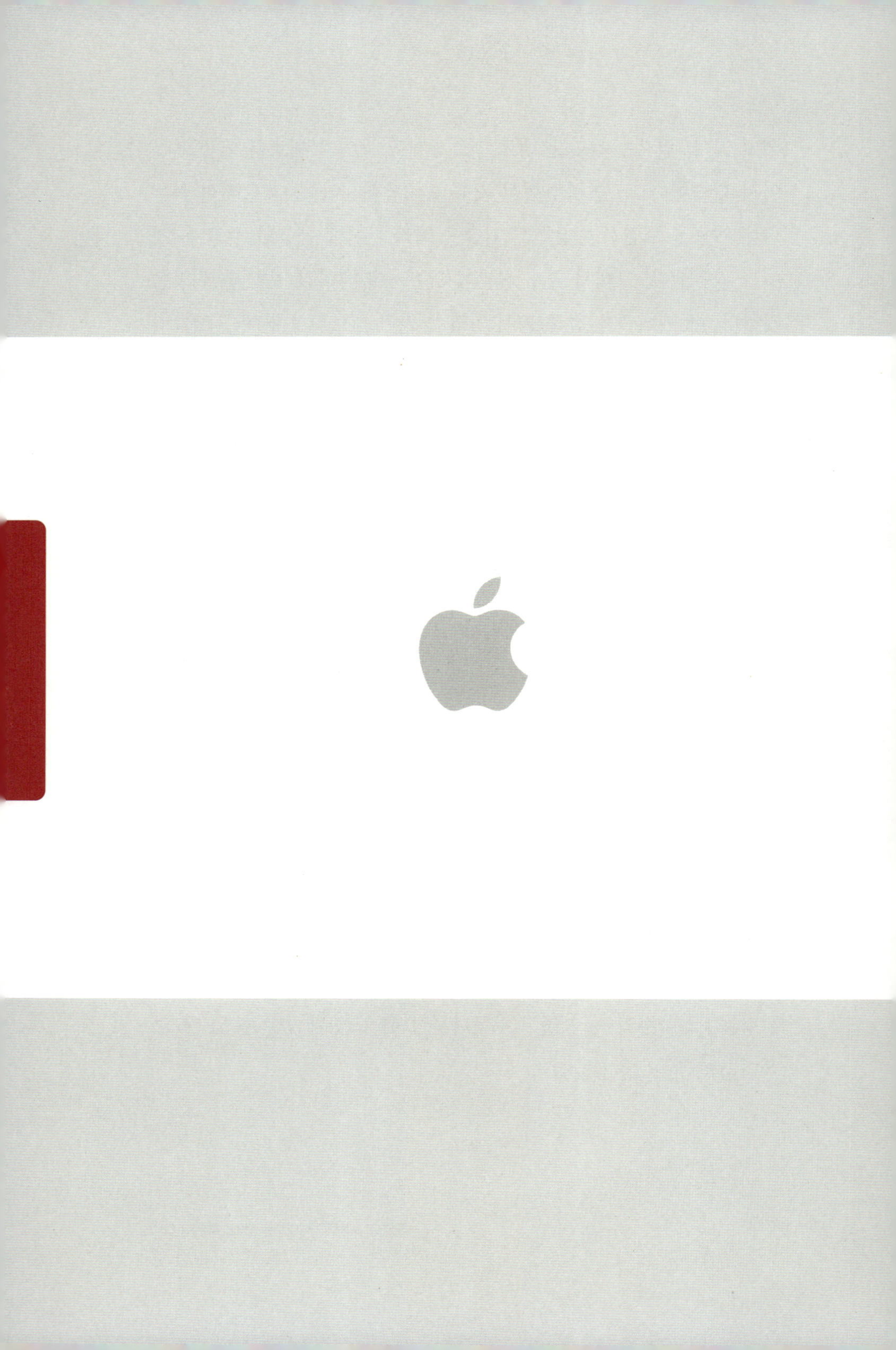

Part 04

하드 워크 시대에서
스마트 워크 시대로

지금껏 CEO는 한 배의 선장으로 험난한 바다에서 항해를 이끌 수 있는 유일한 존재로 인식되었다. CEO가 가리키는 손가락 끝에는 어려운 항해 뒤 도달할 신천지가 기다리고 있는 것만 같았다. 그래서일까. CEO는 모름지기 강력한 카리스마와 불굴의 의지로 가득한 무소불위의 존재여야만 했다. CEO는 기업을 맡고 있는 수장이라는 사실만 다를 뿐 수많은 전설과 신화가 존재했던 역사적 영웅과 다를 바가 없었다.

CEO는 가장 똑똑하고 뛰어난 엘리트로서 많은 사람을 이끌고 가야 하는 고독한 존재이자 선망의 대상이었다. 군계일학의 상징이던 CEO는 직장인이라면 누구나 꿈꾸는 선망의 대상이자 꿈의 상징이기도 했다.

한 시대를 풍미한 CEO들은 단지 그들의 기업만 성공적으로 이끈 것이 아니다. 그들이 유명해지고 위대한 인물로 칭송받을 수 있었던 것은 새로운 시대를 열었기 때문이다. 그들이 내뱉는 말 한마디는 이내 혁신적 기업 경영의 슬로건이 됐다. 이 슬로건은 복마전과 같은 경쟁에서 승리의 구호가 됐을 뿐만 아니라 한 시대를 휩쓰는 트렌드를 만들어냈다. 기업과 사회 그리고 문화에까지 영향을 미친 위대한 CEO는 '사장님'이 아니라 말 그대로 이 시대의 등대이자 길잡이였다.

이런 CEO의 전형적 이미지는 과거 산업사회에서 생긴 것이다. 지난 20세기에서 고독한 결단과 번뜩이는 총기로 마천루만큼이나 규모를 키워야 하는 CEO의 롤 모델 가운데 1순위는 단연 잭 웰치다. 그가 이룩한 성과는 20세기 경제의 금자탑 같았다. 그 누가 그의 카리스마와 리더십을 흉볼 수 있었는가. 그만큼 독보적인 잭 웰치와 그의 리더십, 경영철학은 팍스 아메리카나의 펄럭이는 깃발이 되어 전 세계를 휩쓸었다.

그런데 지금은 쇠락한 제국의 깃발처럼 잭 웰치의 기치는 군데군데 구멍 나고 찢겼다. 과거의 영광마저도 이제는 참회 대상이 되었고, 한 시대를 풍미한 잭 웰치는 극복 대상이 되었다.

그동안 도대체 무슨 일이 일어났을까? 20세기에서 21세기로 한 세기를 지났지만 실제로 잭 웰치가 GE에서 물러난 지 10년도 채 지나지 않았다. 110여 년을 훌쩍 뛰어넘은 GE의 역사를 본다면 결코 길지 않은 그 시간에 잭 웰치와 GE는 롤러코스터를 타고 있었다. 더 심각한 사실은 롤러코스터가 심하게 요동치다 자꾸 아래로만 내려갔다는 것이다.

초일류주의는
과거의 신화다

미국 경제잡지 「포춘」의 2009년 2월 기사를 보면, 지난 10년 동안 사상 최악의 기업 순위에서 GE가 2위를 했다. 한때 미국을 비롯한 전 세계 모든 기업이 따라 하고자 한 선진 기업이자 기업 경영의 교과서를 몸소 보여준 최고 기업이 바로 GE다. 2000년 당시 GE의 시가총액은 6,010억 달러였지만 지금은 1,780억 달러로 무려 4,230억 달러나 증발했다.

잭 웰치의 뒤를 이은 제프리 이멜트Jeffrey R. Immelt 회장이 전임자보다 못해서 이런 결과가 나왔을까? 아무리 후임자의 역량이 뒤떨어진다 해도 공룡 기업인 GE가 10년 만에 반 토막, 아니 그보다 더한 손실을 입었다는 것은 개인의 역량만으로는 설명되지 않는다. 잭 웰치가 그토록 추구하던 경영전략이 몸에 밴 GE의 시스템을 생각한다면 모든 책임을 제프리 이멜트에게 돌릴 수 없다.

잭 웰치는 1980년 초 GE의 최고경영자 자리에 올랐을 때 분명한 목표가 있었다. 당시에도 미국에서 20위권에 들어가는 대기업이던 GE는 전구와 냉장고, 에어컨 등 가전과 원자력발전소, 항공기 터빈 등을 만들어내는 전기 산업 분야의 강자였다. GE 창업자인 발명왕 에디슨도 이처럼 회사가 문어발식으로 뻗어가며 제국의 면모를 갖추리라고는 예상하지 못했을 것이다.

전기 산업 분야에서 거대한 제국을 이룬 GE의 회장 자리는 절대권력의 상징이다. 오너가 아닌데도 회장 임기가 20년이나 보장된다. 그리고 이사회에서 임명하는 것이 아니라 전임 회장이 후임 회장을 임명하는 방식이라서 한 번 회장이 되면 웬만해서는 내부에서 회장을 흔들 수 없다.

잭 웰치도 전임 회장의 추천으로 46세라는 젊은 나이에 GE의 수장이 되었다. 새로운 회장이 들고 나온 것은 유래 없는 개혁이었다. '고쳐라, 매각하라, 아니면 폐쇄하라'는 직관적인 개혁 메시지를 내세우며 그가 손을 흔들 때마다 직원들은 몸을 잔뜩 움츠려야 했다. 그리고 잭 웰치에게 붙은 '중성자탄 잭'이라는 별명처럼 그의 CEO 취임은 나름 평온했던 GE에 엄청난 폭발력을 가져왔다. 그 결과 10만 명이 넘는 직원이 회사를 떠나야 했고 GE는 모든 것을 다 바꿔버렸다.

잭 웰치 시대에 GE는 구조조정과 인수합병 등으로 엄청나게 성장했다. 그리고 GE는 그 자체가 잭 웰치의 경영 시스템이었다. CEO가 제프리 이멜트로 바뀌어도 GE가 몰락할 일은 없다는 것이 정설이었다. GE가 그만큼 기반이 탄탄했기에 「포춘」 기사는 더욱 큰 충격으로 다가온다.

실패조차도 미화될 정도로 추앙을 한 몸에 받은 잭 웰치와 GE가 지금은 롤 모델은커녕 하루라도 빨리 머릿속에서 지워버려야 할 대상으로 전락했다. 왜 이렇게 됐을까? 글로벌 경제위기 때문이었을까? 물론 글로벌 경제위기가 새로운 사업구도를 만든 GE에게 결정타를 날린 것은 사실이다. 그러나 더 근본적인 문제가 있다. 아날로그 시대의 경영전략을 디지털 시대인 지금까지 바이블처럼 받들며 글자 하나라도 수정하면 신성모독이 되는 것처럼 여기는 그릇된 사고 때문이다.

잭 웰치는 아날로그 시대의 전형이자 신화적 인물이었다. 혼자서 결단을 내리고 과감하게 행동으로 옮기던 위대한 장군의 면모를 연상시킨다. 미국에서, 아니 전 세계에서 1위가 아니면 무의미하다는 그의 생각은 곧바로 실행에 옮겨졌다.

이 과정에서 저항은 무의미했다. 그를 따르거나 아니면 떠나야 했다. 잭 웰치는 개혁 프로그램을 실시해 전략적 경영, 뚜렷한 목표, 역량의 강화 등을 이야기하는 다음과 같은 일곱 가지 경영 원칙을 GE에 뿌리내렸다.

- 시장의 선두주자가 돼라.
- 몸집을 키워 시장을 장악하라.

■ 주주가 최고다.

■ 최고 인재를 등용하라.

■ 추진력 있는 CEO가 필요하다.

■ 가볍고 날렵한 조직을 유지하라.

■ 능력을 소중히 여겨라.

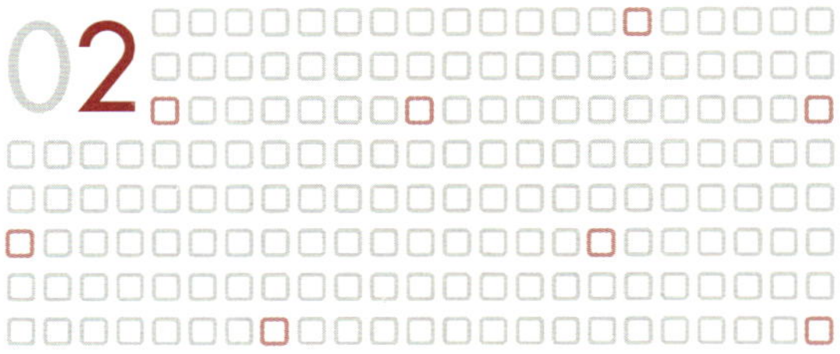

추락하는 비행기의 계기판만
바라보는 파일럿

잭 웰치 같은 결단력 있는 CEO는 우리나라에서도 볼 수 있다. 우리나라 경제성장을 이끈 주역이라는 평가와 함께 '대마불사大馬不死' 신화를 가져온 1세대 재벌 총수들이 바로 그들이다. 이들 역시 수많은 신화와 전설을 써가며 고독한 영웅의 모습을 보여줬다. 물론 잭 웰치가 이들을 보면 자신과 다르다고 항변할지도 모른다. 전략적으로 경영한 자신에 비해 오로지 저돌적 추진력 하나로 재벌을 형성한 이들을 비판의 시선으로 볼 것이다.

잭 웰치의 전략적 경영을 뒷받침한 것은 바로 식스시그마이다. 완벽한 제품이나 서비스를 제공하기 위한 품질경영기업이라 할 수 있는 식스시그마는 잭 웰치가 휘두르는 전가의 보도 같았다.

식스시그마를 통한 완벽한 품질, 수치에 따른 평가, 측정한 것만 믿는 GE의 경영방식은 괄목한 만한 성공을 거두었다. 잭 웰치는 식스시그마를 통해 완벽한 품질 수준을 추구했다. 제품 100만 개 중에서 불량품이 서너 개에 불과해야 하는 99.99%의 품질관리가 GE의 목표였다. 그리고 이 목표가 실제로 이뤄져야만 비즈니스를 할 수 있었다.

전 세계에서는 GE의 이런 경영방식을 그대로 받아들였다. 우리나라에도 식스시그마의 광풍이 불었고 모든 영역에 이를 도입했다. 제조업, 서비스업 할 것 없이 식스시그마는 혁신의 바이블이었다.

모든 것을 정량화한 식스시그마 경영기법은 CEO들에게 명확한 평가 자료를 제공했다. 품질관리, 판매수치, 경영관리 등 모든 영역에서 드러나는 수치야말로 객관성의 상징이었다. CEO들은 숫자를 보며 어디가 부족한지 알게 되었고 계산기를 두드릴 수 있었다.

하지만 수치의 함정에 빠져 있다는 것을 깨닫는 CEO는 찾기 어려웠다. 이른바 '비키니의 함정' 말이다. 비키니를 입은 여인은 마치 모든 것을 보여주는 것 같지만 중요한 부위는 가렸다. 숫자는 이처럼 모든 것을 보여주는 것 같지만 숫자로 설명할 수 없는 부분이 분명히 있다. 쉽게 생각해서 심장 박동수는 숫자로 나타낼 수 있지만 마음을 숫자로 보여줄 수 없는 것과 같다.

식스시그마의 한계는 서서히 드러났다. 특히 글로벌 경제위기처럼 급박하게 돌아가는 시대에는 숫자만 보고 있으면 어지러울 뿐이다. 추락하는 비행기를 조종하면서 빠른 속도로 떨어지는 계기판 숫자만 보는 파일럿이 어디 있겠는가?

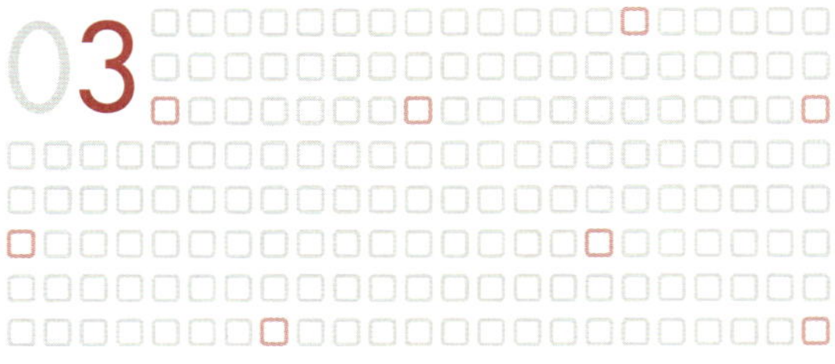

03

게릴라처럼 기민한 기업이
살아남는다

식스시그마는 모토로라가 처음 시도한 경영기법이다. 노키아와 삼성 사이에서 샌드위치 신세로 전락한 모토로라는 반전을 모색해야 했다. '무선통신의 선구자', '휴대전화를 처음 만든 기업'이라는 명예는 이제 시장에서 수익을 보장해주지 않았다. 워키토키에서 삐삐까지 무선통신 단말기 시장의 강자였던 모토로라가 반전을 꾀하고 시장 지배력을 되찾기 위해 선택한 것이 바로 식스시그마다.

전통적 아날로그 경제의 제조업에서는 식스시그마와 같이 고객 목소리에 귀를 기울이고 품질과 서비스 완성도를 높이면 시장에서 성공할 수 있다는 확신이 있었다. 그러나 세상은 달라졌다. 기업이 고객 목소리에 귀를 기울이는 동안 고객은 자신들을 새로운 디지털 시대로 이끌 목자를 기다리고 있었다. 그러나 과거처럼 수동적 존재가 아니라 라이프스타일과 스마트한 소비패턴과 결합된 하나의 '문화'로 이끌어주는 역할을 기대했다.

고객의 소리에 귀를 기울인다는 의미가 결코 시장 조사만 뜻하는 것은 아니다. 혁신적 제품과 서비스는 새로운 창조물처럼 이 세상에 나타나 시장을 뒤흔든다. 여기저기서 들리는 고객의 소리에 충실한 제품이 아니라 그 소리의 조각을 모아 환상적인 퍼즐을 맞추어 내놓는 것이다. 닌텐도의 게임기나 최신 휴대전화를 찬찬히 뜯어보면 새로운 기술은 거의 없다. 각각 다른 분야에서 사용되던 기술을 모아 지금껏 보지 못한 제품으로 만든 것이다. 갑자기 깨달음을 얻은 수도승의 영감이 아니라 남다른 관찰과 사고의 유연성 덕분에 상상력의 날개를 펼친 제품이 바로 혁신적 제품이다.

식스시그마는 이렇게 상상의 가지를 뻗어갈 수 있도록 하지 않는다. 오히려 수치와 틀에 박힌 평가 잣대만 존재할 뿐이다. 세계적 하이테크 역량을 지닌 한국 기업들이 애플과 닌텐도 같은 업체의 돌풍 앞에서 속수무책으로 당하는 것도 바로 이 때문이다. 스스로 가두어 둘 것이냐 아니면 상상의 가지를 뻗을 것이냐가 디지털 경제의 생사를 가르는 잣대이다.

모토로라는 식스시그마를 통해 시장 지배력을 회복하려고 노력했지만 아무리 제갈공명이라도 기울어가는 촉나라를 다시 일으킬 수 없었듯 빠르게 침몰해갔다. 불량을 관리한다는 전제로 시작하는 식스시그마로는 회생의 길을 찾을 수 없었던 모토로라는 식스시그마를 버리고 고객의 감성에 주목했다. 그래서 나온 것이 레이저RAZR이다. 레이저의 등장으로 디지털 제품을 생산하는 기업의 면모를 보이는가 싶었지만 거기까지였다. 그 뒤 다시 관료주의에 빠져 허덕이고 있다.

측정할 수 있는 것만 보려 하고, 전략적인 비전을 제시하지 못하고, 새로운 것에 도전하지 못하는 식스시그마는 관리 가능한 현재 가치에만 머물려고 한다. 이러한 아날로그 시대의 경영은 이제 종말을 고했다. GE는 글로벌 경제위기를 겪으면서 영원히 신용등급 'AAA'를 유지하리라는 신화가 막을 내리는 것을 지켜봐야만 했다.

미래를 예측하기 힘들수록 관리 중심 경영방식으로는 대처하기가

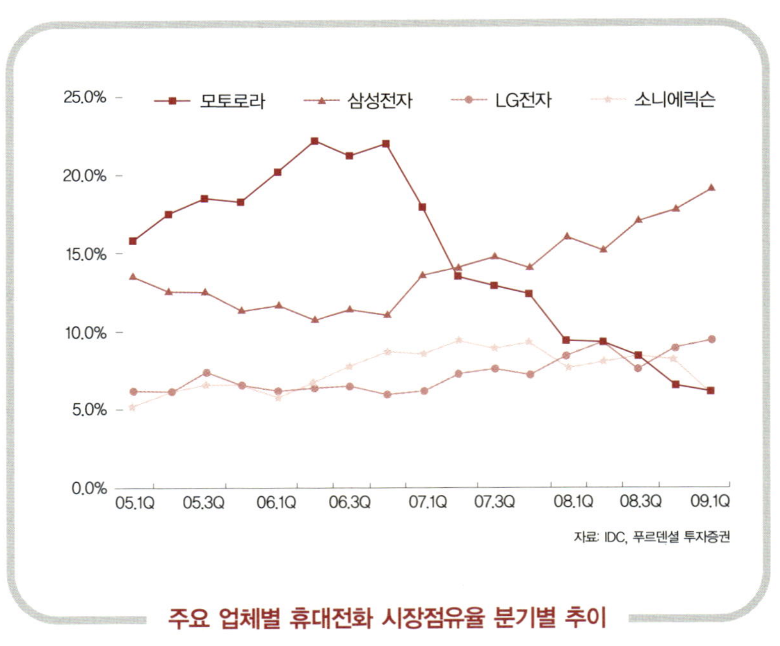

주요 업체별 휴대전화 시장점유율 분기별 추이

마켓3.0 시대의 스마트 비즈니스 전략

힘들다. 그렇기 때문에 창의적으로 경영하고 게릴라처럼 기민한 기업이 돼야만 살아남을 수 있다. 발상의 전환은 이제 습관이 돼야 한다. 그리고 경영의 패러다임은 시대에 따라 얼마든지 바뀔 수 있다. 얼마든지 바뀔 수 있다는 것에 주목한다면 틀에 박힌 사고와 전략을 버려야 한다. 그 대신 '창의성'과 '소통'이라는 키워드가 있어야 변화의 급물살에 휩쓸리지 않고 빠져나올 수 있다.

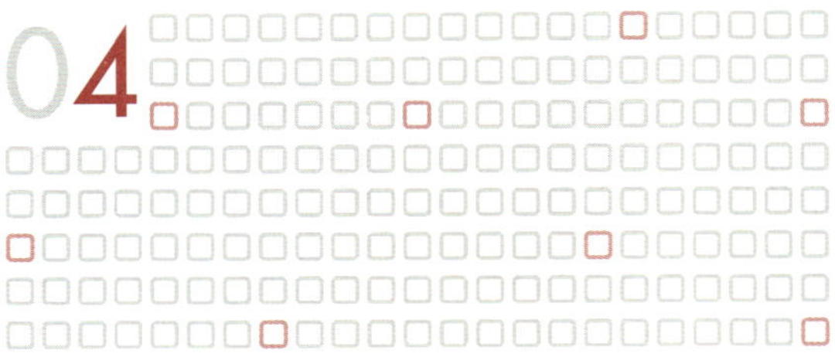

갈라파고스가 되어버린
위기의 일본

세계 시장에서 일본의 존재감은 갈수록 희미해지고 있다. 소니와 도요타자동차의 신화는 빛바랜 추억거리로 전락하였다. 늘 아시아의 맏형 노릇을 하며 한국과 중국을 후발주자라 여기고 경계조차 하지 않던 일본은 그들의 대표 산업이라 할 수 있는 전자산업에서도 1등 자리를 내주고 있다.

기술력을 맹신하고 테크놀로지의 리더라고 자처해온 일본 기업들은 영화 〈매트릭스〉의 웃음기 없는 스미스 요원에 가까운 모습을 보여준다. 기계 문명에 대항하는 인간의 감성 따위는 아랑곳하지 않고 기계에 추종하는 프로그램의 변형인 스미스 요원이 까만 선글라스를 낀 모습을 말이다.

MP3플레이어와 MD플레이어, 반도체, 휴대전화 등 전자산업의 대표 분야에서 속속 패배를 맛보고 있는 일본 기업들은 이제 더는 아날로그 산업의 대표주자가 아니다. 기술력이 뒤떨어지는 것도 아니고, 글로벌 경영의 노하우가 부족한 것도 아닐진대 일본 기업들의 망신살은 계속되고 있다.

1990년대 버블 경제에 따른 시장 혼란으로 일본식 가치관에 바탕을 둔 경영기법에 대한 조롱과 비판이 일고 참담한 경영성과가 이어지자 일본 기업들은 GE를 비롯한 미국식 경영방식을 적극적으로 도입했다. CEO를 아예 외국인으로 교체한 기업들도 있었다. 그런데도 도요타의 리콜사태, JAL의 파산 등 여전히 수렁에서 헤매고 있다.

아직도 버블 경제의 습관이 남아서인지 규모 키우기에 여념이 없고, 오로지 효율 위주의 제품 생산과 경영을 고집하던 일본 기업들은 날렵한 사무라이라기보다 뒤뚱거리는 철갑옷을 입은 중세 기사처럼 보인다. 「월스트리트저널Wall Street Journal」은 "2001년 이후 네 차례나 국가로부터 공적 자금을 받으며 '대마불사'의 힘을 보여준 JAL이 파산한 것은 일본식 경영에 경종을 울린 사건이다."라고 했는데, 이는 엄밀히 따지면 미국식 전략 경영의 실패라고 할 수 있다. 일본이나 미국이나 덩치 키우기와 형식에 치우친 경영으로 인한 전략적 경영의 말로인 셈이다.

그런데도 일본 기업들은 상황을 제대로 인식하지 못한 것 같다. 현재 상황에 대해 분석한 내용을 보면 대부분 후발주자였던 한국의 추격과 중국의 급부상 등 갈수록 경쟁이 심해지기 때문이라는 변명만

하드 워크 시대에서 **스마트 워크** 시대로

늘어놓았다. 사실 경쟁이 심하지 않을 때가 언제 있었던가. 소니가 한창 잘나갈 때도 그 자리를 호시탐탐 노리는 일본 기업과 미국, 유럽, 한국 기업의 맹렬한 추격은 늘 있었다. 그런데 지금 와서 새삼스럽게 치열한 경쟁 탓으로 돌린다는 것은 부끄러운 변명으로 들릴 뿐이다. 닌텐도의 성공은 도대체 어떻게 설명할 것인가. 지금도 게임콘솔 시장에서 격렬하게 사투를 벌이는 닌텐도는 소니와 마이크로소프트의 공격에서도 승승장구하고 있다.

지난 20세기의 성공은 분명 과거의 영광일 뿐이다. 새삼스레 경쟁이 심해졌기 때문이라는 변명은 구차스럽기까지 하다. 그런데 이런 일본 기업들의 변명을 보고 '쌤통'이라고 고소해할 수만은 없다. 우리 기업들도 중국의 급부상과 신흥개발도상국의 등장으로 경쟁이 너무 심해졌다고 하소연한다. 하지만 경쟁은 늘 있었고 그 정도는 예전이나 지금이나 다를 게 없다. 그렇다면 라이벌의 등장이 새로울 건 없다. 거대 기업들이 쓰러지면 엄청난 충격파가 이어지지만 새로운 기업이 등장하면서 빈자리를 메운다. 따라서 경쟁 방식이나 본질이 어떻게 달라졌는지를 알아야만 한다.

21세기 시장경쟁은 분명 20세기와 다르다. 가장 큰 차이는 블루오션 경쟁이 더 치열해졌다기보다 게임의 룰이 자꾸 바뀐다는 것이다. 그것도 갈수록 주기가 짧아진다. 이제는 1년을 내다보는 사업계획조차 세우기 힘들다. 일본 최고의 지략가라고 할 수 있는 도쿠가와 이에야스가 부활한다 해도 해법을 찾기가 어려울 것이다.

1990년대 버블 경제의 후유증에서 벗어나고 있다는 판단에 따라 글로벌 시장에 대한 장악력을 다시 높이기 위해 노력하는 일본 기업들은 게임의 룰이 바뀌었다는 사실을 깨닫지 못하고 있다. 디지털로 전환하는 과정에서도 일본 시장의 표준이 세계의 표준이 된다는 과거 사고방식을 버리지 못해 고전을 면치 못하고 있다.

일본은 이제 자국 기업뿐만 아니라 다국적 기업마저도 모래 늪으로 빠져들게 만들고 있다. 일본의 소니와 스웨덴의 에릭슨이 합작한 소니에릭슨은 한때 전자업계 빅3 가운데 하나였다. 그런 소니에릭슨이 일본 시장에 갇혀 글로벌 경쟁에서 뒤처지고 말았다.

한 시장조사 기업에 따르면 2009년 소니에릭슨이 세계시장에서 차지한 점유율은 기껏해야 5%라고 한다. 영업 손실은 10억 유로가 넘어 2008년보다 무려 9배나 늘어났다. 심혈을 기울여 신제품을 내놓아도 시장에서 외면당했다. 한때 세계 일류 전자제품 생산을 주도하던 자부심이 커서였을까. 일본 소비자들의 취향만 반영한 제품은 세계시장에서 주목받기가 어려울 수밖에 없다. 이런 양상은 누가 일본을 고립시키려는 게 아니라 스스로 갈라파고스 섬처럼 만들어버리고 있음을 보여준다. 일명 '갈라파고스 신드롬'이라고 하는 일본의 폐쇄주의는 국가적 경제침체로 이어졌다.

일본은 다시 막부시대의 쇄국주의로 빠진 것만 같다. 한때 세계 전자업계의 흐름을 주도하며 변화의 선두에 섰던 일본 기업들이 이제는 변화를 깨닫지 못하고 흐름에서 뒤처졌다.

일본은 과연 갈라파고스에서 새로운 발견을 이끌어낸 다윈을 만날 수 있을까? 관치경제와 기존의 성공에 안주하며 안일하게 대응하던 일본 기업들은 아직 눈물을 멈출 때가 아니다. 그래서인지 이것이 한국에게는 기쁨의 환호를 올릴 기회라고 주장하는 기사가 심심찮게 나온다. 그러나 남의 불행을 발판으로 삼아 성공한 것은 오래가지 못하는 법이다. 왜 눈물을 흘려야 했는지 알아내고, 어떻게 하면 눈물을 흘리지 않을 수 있는지 심사숙고해야 한다. 그러면서 변화의 바람을 타고 날 수 있는 열기구를 찾아야 한다. 다윈이 타고 왔던 비글 호보다 더 빨리, 더 멀리 탐험해 고립된 갈라파고스가 아니라 새로운 광야가 있는 신대륙을 발견해야 한다.

마켓3.0 시대,
숫자와 규모의 경제는 없다

2008년에 발생한 글로벌 경제위기의 여파는 아직도 남아 있다. 종말의 공포는 사라졌다 해도 언제 위기가 재발할지 몰라 불안감이 가시지 않았다. 그래서 기업들은 대부분 현재의 사업이 아닌 새로운 수익을 창출하고 좀 더 안정된 미래를 보장할 수 있는 사업 발굴에 애를 쓰고 있다.

GE도 글로벌 경제위기가 닥치기 전에 이미 미래 사업을 준비하기 위해 환경과 에너지 관련 사업에 적극적으로 투자했다. 그러나 GE캐피탈에 많이 의존해야 하는 기업구조, 식스시그마와 전략적 경영이라는 과거의 틀을 고수하던 GE는 커다란 타격을 입었다.

글로벌 경제위기가 금융부문에서 발생했고, 피해가 가장 컸기 때문에 GE캐피탈에 의존하던 GE로서는 막대한 손실을 입을 수밖에 없었다. 여신 전문 금융이던 GE캐피탈은 한때 GE 전체 매출의 절반을 차지하는 효자였으나 글로벌 경제위기 때는 GE의 발목을 잡는 애물단지가 된 것이다.

글로벌 경제위기가 도래하기 전에 이미 GE의 경영방식은 도마에 올랐다. 2006년 7월 「포춘」은 '잭 웰치의 경영교본을 찢어버려라!'라는 도발적인 기사를 게재했다. 낡은 성공신화에 불과한 잭 웰치의 경영방식을 하루라도 빨리 버려야만 살아남을 수 있다는 것이었다. 스페인의 무적함대를 물리치면서 일약 유럽의 강자, 아니 전 세계에서 해가 지지 않는 제국을 세운 영국이 제2차 세계대전 이후에도 자존심만 내세우다가 1970년대에 외환위기를 맞아 국가부도 위기까지 몰렸던 것이 연상된다.

그렇다면 GE 모델을 따라하던 기업들은 어떻게 해야 할까? 그토록 우러러보던 롤 모델이 한순간 실패의 상징이 되었다는 사실을 받아들이기가 어려울 것이다. 그렇지만 생존을 고민해야 하는 기업으로서는 하루라도 빨리 돌파구를 찾아야 한다.

「포춘」이 "새로운 시대에 대응하기 위해서는 새로운 전략이 필요하다."라고 한 것을 두고 당연한 말이 아니냐고 반문할 수 있다. 하지만 현실에서 새로운 전략을 찾은 기업의 수는 별로 많지 않다.

쉽게 답을 얻지 못한 기업들에게 「포춘」은 잭 웰치가 했던 것과 반대로 하면 된다고 제안했다. 몸집을 키우기보다 민첩한 조직을 만들고, 시장에서 선두가 되려고만 할 게 아니라 틈새를 노려 새로운 제품을 개발해야 한다고 권했다.

CEO의 롤 모델도 바꾸라고 한다. 잭 웰치가 지향했던 스펙 좋은 인재 중에서 카리스마와 강한 추진력을 갖춘 리더가 CEO 재목이라는 생각을 버리라는 것이다. 그보다 미래의 계획, 상상 속의 아이디어를 용기 있게 실행하는 CEO가 필요하다고 강조했다. 그리고 똑똑하고 경력이 화려한 CEO가 아니라 구성원이 평범한 직장생활을 하게 두기보다 열정을 갖고 일할 수 있도록 이끄는 CEO야말로 새로운 시대가 요구하는 인물이라고 했다.

영국의 철학자 앨프리드 화이트헤드Alfred North Whitehead는 "보통 교사는 지껄이고, 좋은 교사는 잘 가르치며, 훌륭한 교사는 스스로 해보인다. 그러나 위대한 교사는 가슴에 불을 지른다."라고 말했다. 주주의 이익에만 관심이 있는 CEO가 아니라 구성원의 가슴에 불을 지를 수 있는 CEO가 있는 기업은 글로벌 금융위기 같은 난관을 극복해냈다. 애플과 닌텐도가 대표적인 예이다.

새로운 CEO들은 조직의 체질을 개선할 때도 남다르다. 예를 들어 내부에서 군살을 빼 조직을 가볍게 한답시고 인위적 구조조정을 내세우지 않는다. 인원을 감축한다고 해서 민첩함이 저절로 얻어지는 것이 아님을 알기 때문이다. 그보다 환경 변화를 예의주시하며 고객에게 가치 있는 것을 창조할 수 있는 안목을 더욱 중요하게 생각한다.

가치 창조의 역량과 함께 사원들의 영혼을 사로잡고 열정적으로 행동하는 사람이야말로 CEO의 리더십을 갖춘 자이다. 능력이 있는 사람만 채용해 인재사관학교를 만드는 것은 과거의 경영방식이다.

아날로그 시대의 경영 교본이던 잭 웰치의 7가지 원칙은 이제 바꿔야 한다. 「포춘」은 잭 웰치의 7가지 원칙에 빗대어 디지털 시대의 새로운 리더십을 제시했다. 이를 보면 경영기법도 어쩌면 패션과 같다는 것을 알 수 있다. 시대가 바뀌면 새로운 옷을 입듯이 시장 여건이 달라지면 바꿀 건 과감히 바꿔야 한다.

로마의 강력한 대군을 맞이해 긴장하고 있던 카르타고군은 병력 숫자만 봐도 열세를 면치 못하자 두려움에 떨 수밖에 없었다. 한니발이 아무리 용맹하다 해도 병사들은 눈앞에 대적하고 있는 로마군의 위용에 갈수록 주눅이 들었다.

잠시 대치 상태가 이어지던 중 카르타고의 한 초급장교가 한니발에게 로마군 숫자를 보고했다. 보고하는 장교의 목소리가 두려움에 떨렸다. 이를 본 한니발은 씩 웃으며 한마디 했다.

웰치 원칙	새 원칙
❶ 몸집을 키워 시장을 장악하라. ➡	크기보다 민첩함이 최고다.
❷ 시장의 선두주자가 돼라. ➡	틈새시장을 찾고 새로운 것을 창조하라.
❸ 주주가 최고다. ➡	고객이 왕이다.
❹ 최고 인재를 등용하라. ➡	열정적인 사람을 고용하라.
❺ 추진력 있는 CEO가 필요하다. ➡	용기 있는 CEO가 필요하다.
❻ 가볍고 날렵한 조직을 유지하라. ➡	내부가 아닌 외부에서 찾아라.
❼ 능력을 소중히 여겨라. ➡	영혼을 소중히 여겨라.

자료: 「포춘」

굿바이 잭 웰치

"이봐, 기스고! 자넨 로마군 숫자만 봤을 뿐 정작 알아채지 못한 게 한 가지 있어."

기스고라는 초급장교는 생뚱맞은 한니발의 말에 어리둥절해했다.

"로마군 수가 저렇게 많아도 그중에 이름이 기스고인 병사는 한 명도 없다는 거야."

그제야 농담인 줄 알아챈 기스고는 크게 웃었고, 이를 지켜본 카르타고 병사들도 모두 함께 웃었다. 두려움은 사라졌고 한번 해볼 만하다는 자신감이 그들의 가슴에 차올랐다. 이윽고 전투가 시작되었고 카르타고군은 크게 승리했다. 이것이 바로 4만 2,000의 병력으로 두 배에 가까운 7만 2,000의 로마군을 섬멸한 칸나이 전투다. 숫자나 규모에 연연하는 시대는 끝났다. 진정 구성원의 가슴에 불을 지를 수 있는 경영, 새로운 가치를 만들어내는 창조경영을 실행해야 한다.

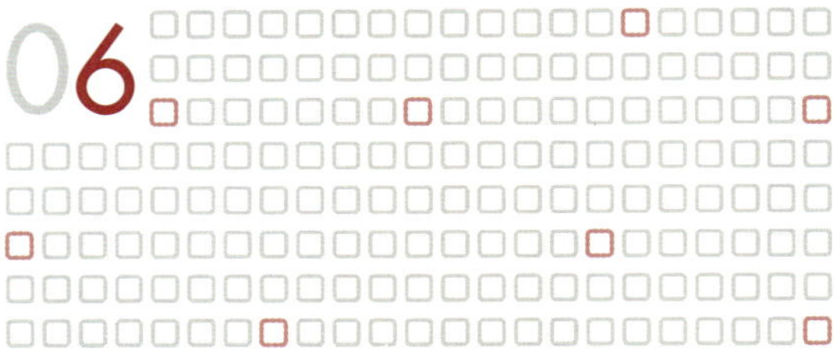

스마트한 경영 방식과
스마트한 리더십

아이폰이 일으킨 스마트폰의 돌풍은 엄청났다. 스마트폰뿐만 아니라 태블릿 PC와 노트북까지 웬만한 휴대용 멀티미디어 기기들의 장벽을 허물었다. 그리고 각각의 시장에서 울타리를 치고 안주하던 업체들은 분야를 막론하고 어플리케이션 경쟁을 벌이는 시대를 맞이했다.

운동화를 만들던 나이키가 동종 업계의 경쟁업체인 아디다스나 리복보다 닌텐도를 더 신경 써야 하는 것과 마찬가지다. 경계가 허물어지면서 모바일 업체와 컴퓨터 업체의 경쟁에 이어 온라인 포털 사이트도 이 경쟁에 뛰어들었다. 갈수록 혼전이 거듭되는 춘추전국시대가 시작된 것이다.

아날로그 제조업 시대에서는 이런 경계를 허무는 경쟁은 찾아보기 힘들었다. 그런데 디지털 비즈니스 시대, 어플리케이션 시대에는 전문적이면서도 모든 경계를 넘나드는 올라운드 플레이어가 되어야만 살아남을 수 있다.

애플은 앱스토어를 운영하면서 새로운 디지털 비즈니스, 스마트 비즈니스의 리더가 됐다. 애플의 대성공을 벤치마킹한 다른 휴대전화 업체들도 앞 다퉈 앱스토어를 개설했다. 수십억 달러에 달하는 어플리케이션 시장을 무시할 수 없었기 때문이다.

가장 눈에 띄는 움직임은 구글에서 나타났다. 구글은 스마트폰의 OS인 안드로이드를 내놓은 뒤 삼성전자, LG전자 등 기존의 휴대전화 제조업체와 손을 잡았다. 그리고 구글폰을 내놓으며 아이폰의 대항마로 떠올랐다. 구글은 시장 흐름을 면밀히 살펴본 뒤 스마트 전쟁은 곧 어플리케이션 전쟁이란 사실을 깨달았다. 그래서 안드로이드 마켓을 열어 애플의 앱스토어에 대항하고 있다.

구글의 안드로이드 마켓은 다양한 사업자들이 참여하기 때문에 애플의 아이폰만 활용할 수 있는 앱스토어보다 파괴력이 훨씬 크다는 분석도 나오고 있다. 세계 휴대전화 시장에서 2, 3위 업체인 삼성전자와 LG전자가 안드로이드 폰을 본격적으로 출시하면 어플리케이션 시장은 더욱 격렬한 싸움이 벌어지는 전쟁터가 될 것이다.

구글과 동맹한 삼성전자와 LG전자의 움직임에 세계 1위 휴대전화 업체 노키아도 독자 앱스토어를 구축해 전쟁터에 발을 들였다. 지금까지 가장 많이 사용된 모바일 OS인 심비안을 오픈해 '오비스토어'를 개설하고 반격에 나섰다. 이렇듯 애플의 공습으로 촉발된 스마트폰 전쟁은 갈수록 격화되고 있다.

이른바 스마트폰 세계대전이 벌어지는 상황에서 국내 이동통신회사들도 이 전쟁에 뛰어들었다. SK텔레콤이 'T스토어'를 개설했고, KT도 '쇼 앱스토어'의 문을 열었다. 이에 맞춰 무선인터넷 요금을 조정하고 어플리케이션 개발 붐을 조성하기 위해 많은 이벤트를 열면서 대세에 동참했다. 이뿐만 아니다. 모바일과 단말기 제조업체가 아닌 SK컴즈의 싸이월드 앱스토어, NHN의 게임 앱스토어까지 영역 확대는 무한진행 중이다.

바야흐로 중원 통일에서 강력한 선두주자인 애플에 대항하는 각 나라가 합종연횡하며 각축전을 벌이고 있다. 그렇다면 누가 진시황 같은 강력한 애플을 견제할 자객이 될 수 있을까? 형가荊軻가 진시황 암살을 목전에 두었다가 실패한 것처럼 아슬아슬한 경쟁이 될 것인가, 아니면 진시황 사후 등장한 한나라처럼 패권을 움켜잡은 새로운 제국이 등장할 것인가?

그런데 모바일 어플리케이션 경쟁으로 촉발된 전쟁은 점입가경이다. 이제 하드웨어 업체들도 어플리케이션 스토어를 속속 만들고 있다. 컴퓨터를 만드는 에이서Acer는 온라인 앱스토어를 열어 전자책과 노트북, 미니 노트북까지 이용할 수 있는 어플리케이션을 팔겠다고 선언했다. 인텔도 교육, 금융, 게임 등 다양한 어플리케이션을 자사 아톰 칩을 사용하는 기기에 사용할 수 있도록 앱스토어를 공개했다.

삼성전자도 하드웨어를 만들고 있지만 심비안과 안드로이드, 윈도 모바일 등 각종 OS를 지원하는 부가 서비스를 제공하는 앱스토어를 구축했다. 그리고 텔레비전과 홈시어터까지 가전 분야마저 어플리케이션 서비스를 확대하겠다고 공세적으로 나섰다.

애플도 가만히 있지는 않았다. 아이폰에 이어 등장한 아이패드는 명실상부한 멀티미디어 콘텐츠 통합 기기를 노리고 있다. 책과 신문, 잡지, 동영상, 이미지까지 최적화된 화면에서 볼 수 있는 아이패드는 디지털 허브를 노리는 애플이 앱 비즈니스 전쟁에서 이기기 위한 차세대 무기이다.

이렇듯 전통적인 경계가 무너지고 모바일 환경이라는 새로운 변화를 맞이하면서 스마트 전쟁은 오리무중에 빠졌다. 기업과 고객, 개발과 서비스, 판매와 유통의 경계까지도 무너진 마당에 이합집산을 거듭하며 전쟁 주도권을 빼앗으려 애를 쓴다. 과거의 전통적 구분 방식과 틀에 박힌 아날로그 시대의 경영방식으로는 미래전쟁에 대비할 수 없다. 환경이 바뀐 만큼 사고방식도 유연하고 창의적으로 변해야 한다. 어플리케이션의 속성 자체가 기민하고 유연하게 만들어진다는 것을 감안한다면 스마트폰 전쟁에서는 무엇보다 스마트한 경영방식과 리더십을 갖추어야만 살아남을 수 있다.

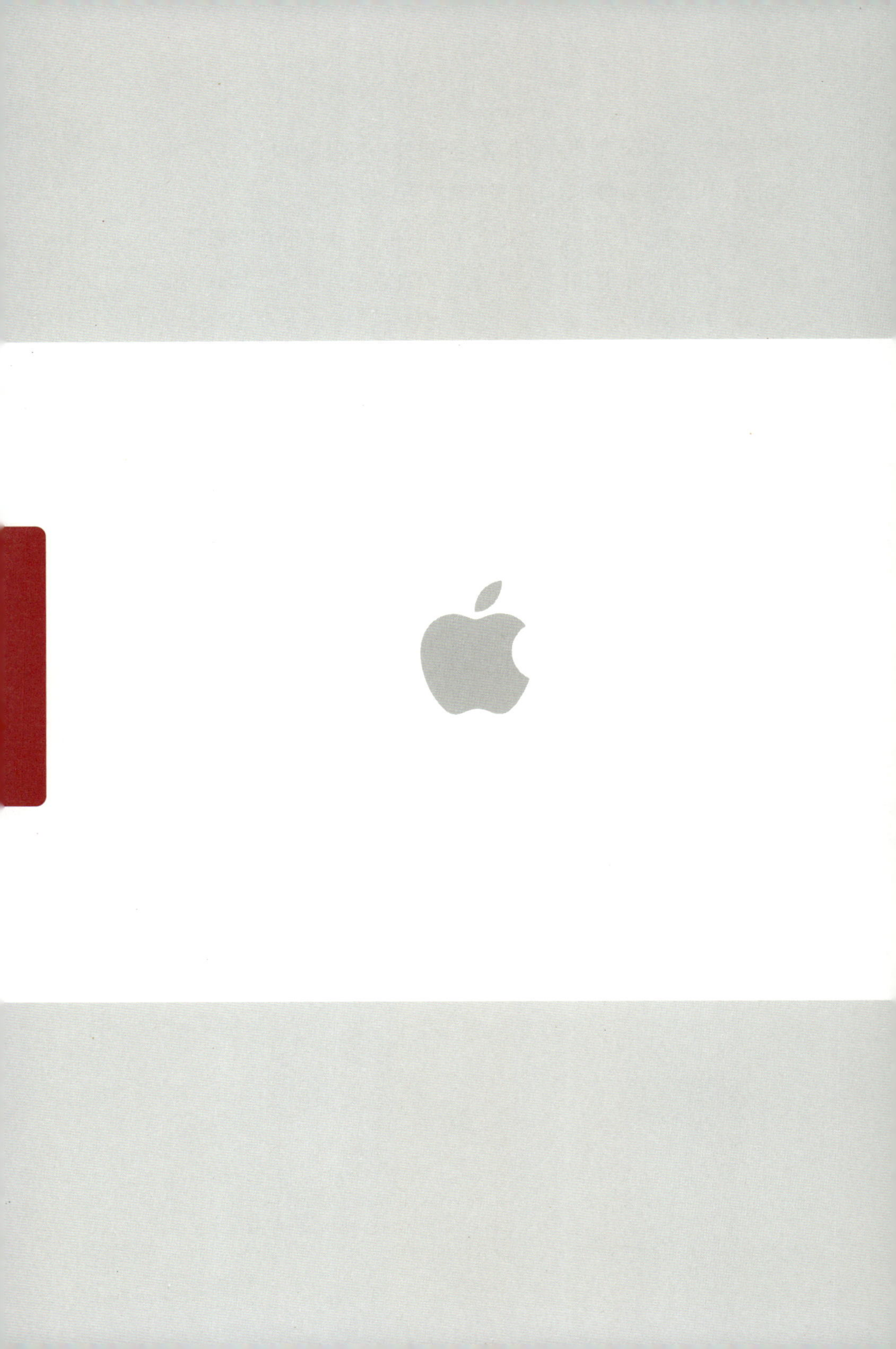

최초의 덴트 리더,
스티브 잡스의 스마트 카리스마

한 시대가 바뀌는 과정은 드라마틱하다. 기존의 질서가 무너지고 새로운 질서로 재편되는 과정에서 지금까지 주인공이던 이들이 몰락하고 새 주인공이 스포트라이트를 받는 드라마가 연출된다. 몰락의 비극은 등극의 환호에 가려져 씁쓸하게 역사의 뒤안길로 사라진다.

기업과 비즈니스의 역사도 수없이 많은 드라마를 연출했다. 20세기에 추앙받았던 도요타와 잭 웰치의 GE는 이제 반면교사와 실패 사례로 취급받으니 격세지감이 따로 없다. 세월의 무상함 운운하며 무너진 제국의 영광을 돌이켜보지만 장강(長江)의 흐름을 바꿀 수는 없다. 거기에다 21세기는 변화의 폭과 속도가 엄청난 격랑의 시대이다. 돌발적이고 빠른 속도로 변하고 변화를 인지한 순간 또다시 새로운 흐름이 나타나는 혼란한 시대이다. 이처럼 한순간도 방심할 수 없는 기업 경영 환경은 리더십 또한 새로운 모델을 요구하고 있다.

변화의 흐름을 읽고 미래를 선택한 것이 아니라 과거의 기득권에 집착한 궁예는 몰락할 수밖에 없었다. 그 대신 새로운 변화의 흐름을 제대로 읽은 왕건이 역사의 주인공이 되었다. 궁예 자신이 변화의 주체였으면서 역설적으로 변화를 거슬렀기 때문에 비운의 주인공이 된 것이다.

지금 잘나가는 기업과 리더도 자칫 변화 타이밍을 놓치면 궁예 같은 신세가 될 것이다. 단 한순간이라도 신성장 동력을 갖춘 경쟁 기업에게 자리를 빼앗기고 무대 뒤로 사라질 수 있다는 위기의식을 잊어서는 안 된다. 코닥이나 소니도 한때는 변화를 주도하는 기업이었다. 당시 CEO들도 변화의 리더로 각광받았다. 하지만 지금은 어떤가.

아날로그 시대가 저물어가고 디지털 시대로 들어섰는데 아직도 아날로그 시대에서 통용되는 경영방식과 리더십을 고집하는 사람들이 많다. 그러나 시대는 분명 디지털 리더십과 경영을 선택했다. 애플은 그 흐름을 포착했고 스티브 잡스의 리더십도 디지털 리더십으로 바뀌었기 때문에 그들만의 신화를 계속 써내려가는 것이다.

스티브 잡스는 "우주에 흔적Dent을 남기는 일을 하자."라고 하면서 애플을 이끌어왔다. 덴트 리더십DENT Leadership은 우주에 흔적을 남기는 일을 할 수 있도록 조직을 이끄는 창조 리더십이다.

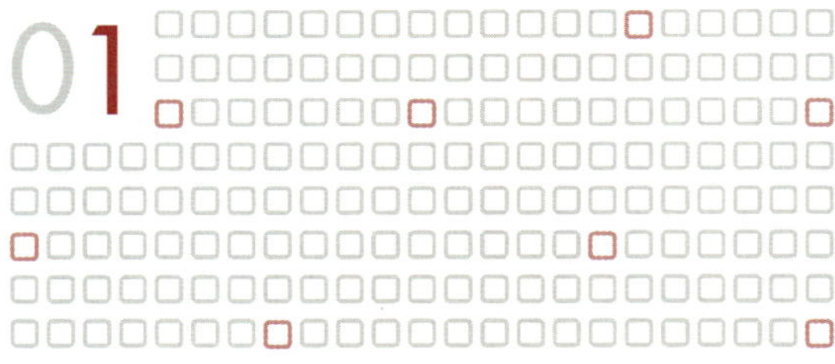

흔적을 남기는
팀 리더십

얼마 전까지 경영 교과서에서는 GE나 도요타의 경영방식처럼 경영효율에 초점을 맞춘 내용을 주로 다뤘다. 기업이 보유하고 있는 각종 자원을 효율적으로 '관리'해 경영성과를 올릴 수 있도록 공식을 제공하는 게 전부였다.

물론 경영에서 효율성을 다루는 것은 매우 중요하다. 그러나 효율은 때로 창조를 가로막는 방해요인이 된다. 지나치게 효율성만 강조하면 창조를 덜 중요하게 생각할 수도 있다. 창의성이 흰 도화지에 스케치하듯 그렸다 지우는 과정이라면 효율성은 자로 잰 듯 명확해야 하기 때문이다.

아날로그 시대에는 효율보다 창의성을 요구하는 시장 변화가 그다지 달갑지 않았다. 그때는 대규모 생산 라인을 갖추고 붕어빵 찍어내듯 상품을 만들어내는 것만 효율적으로 관리하면 됐다. 그런데 효율이 아니라 창의적 아이디어와 새로운 고객 관계로 승부를 걸어야 하니 변화가 마뜩지 않았던 것이다. 이런 기업들은 변화 자체가 경영에 심각한 타격을 줄 수도 있다.

GE나 도요타는 시장 변화에 괜한 호들갑을 떤다고 생각했을지 모른다. 그들은 변화에 대처하기보다 자신만의 룰을 고수하려 했다. 시장 지배력이나 덩치를 감안할 때 자신감이 있었으리라.

변화 때문에 대마불사의 거대한 제국이 한순간에 무너지리라고는 아무도 예상하지 못했다. 하지만 GE의 몰락이나 도요타의 대량 리콜 사태를 봐도 절망의 늪으로 빠지는 것은 순식간이다.

이들 기업의 사태를 자세히 들여다보면 리스크가 갑자기 발생한 것이 아니라는 점을 알 수 있다. 오래전부터 곪아 있었지만 제대로 대응하지 못하다가 시장과 고객의 심판이 내려지자 뒤늦게 허둥지둥 난리법석을 떠는 꼴이다. 그런 문제 또한 외부 변화를 수용하지 못하고 자신들의 처지만 고집하는 어리석음에서 비롯됐다.

효율은 '있는 것을 관리하는 것'이고 창조는 '없는 것을 만들어내는 것'이다. 스티브 잡스의 천재성과 애플의 창의적 구성원들은 효율보다 창조를 선택했다. 그런데 왜 애플의 창의성이 유독 돋보일까? 비단 애플만 창의적이지는 않을 텐데 왜 애플만 도드라지게 변화 성과를 보여줄까?

세상에는 깜짝 놀랄 창의적 제품을 개발하고도 판매에 성공하지 못한 기업이나 개인도 많다. 그러나 애플은 아이팟이라는 창의적 제품 개발에 성공했을 뿐만 아니라 2억 개 이상 판매했다. 단일 제품으로는 세상에서 가장 많이 판매한 것이라고 한다. 이 실적만 두고 본다면 애플은 공장 없이도 세계에서 가장 많은 제품을 생산하는 효율적인 회사이다.

이렇게 애플이 창의적이면서도 효율적인 기업이 된 것은 창의적인 것을 먼저 추구하고 효율성이 그 뒤를 뒷받침하는 경영방식 덕분이다. 연관사고를 통해 창의적 아이디어를 내는 스티브 잡스와 효율적 회사 운영과 생산을 담당하는 최고운영책임자COO 팀 쿡Timothy D. Cook의 조합은 창의와 효율의 폭발적인 결합 효과를 낳고 있다.

창의의 리더십과 효율의 리더십이 만나자 디지털 업계의 지각변동은 엄청났다. 텔레비전, 컴퓨터, 휴대전화 등 분야를 막론한 디지털 기업들이 애플의 공습에 당황하며 공동 전선을 펴거나 신제품 개발로 대항하려 하지만 중과부적임을 느끼고 있다. 그 이유는 바로 리더십에서 찾을 수 있다.

애플의 리더십은 독특하다. 한 조직 내부에서 만들어지는 관계뿐만 아니라 고객과의 관계에서도 리더십을 발휘하기 때문이다. 스티브 잡스는 신제품을 개발할 때 하드웨어만 연구하는 것이 아니라 소프트웨어와 어플리케이션을 결합한다. 그리고 제품 개발과 동시에 고객을 끌어들이는 새로운 비즈니스 모델을 만든다.

스티브 잡스는 아이팟을 만들 때 대형 음반사와 음원 계약을 맺어 아이튠즈 뮤직스토어를 제공했다. 아이폰을 출시할 때도 고객이 직

접 개발한 어플리케이션을 사고 팔 수 있는 온라인 장터 앱스토어를
열었다. 이것은 무엇을 뜻하는가. 공급자 처지에서 제품을 개발하고
판매하는 것이 아니라 고객이 어떻게 제품을 활용할지를 생각하고
어플리케이션을 만드는 방식을 추구한 것이다. 고객과의 관계를 단
지 친절한 서비스를 제공하는 관계가 아니라 함께 애플의 비즈니스
를 수행하는 관계로 만들었다.

고객과 윈윈할 수 있는 비즈니스 모델은 기업 경영의 주체와 리더
십의 변화를 보여준다. 지금까지 모든 경영에서는 기업이 주체였다.
경영자가 전략을 짜고 사원들이 제품을 생산해 매출을 일으키는 방
식이었다. 그러나 애플은 그 주체를 바꿔버렸다. 어쩌면 애플의 CEO

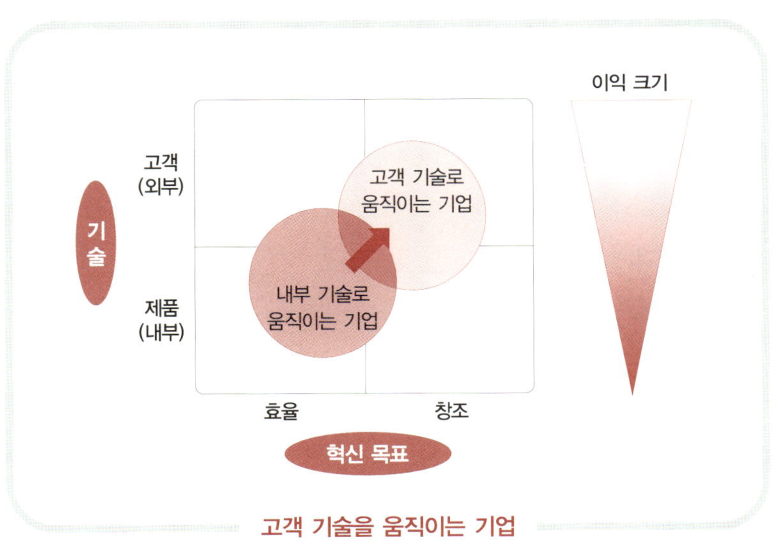

고객 기술을 움직이는 기업

는 스티브 잡스가 아니라 고객일 수도 있다. 고객이 가치, 즉 어플리케이션을 생산하고 스스로 거래하며 매출을 발생시키는 것이다. 앱 스토어에서 고객이 발생시키는 매출은 앞으로도 급성장할 테니 애플은 고객이 경영하는 회사인 셈이다.

기존의 기업들이 내부 효율을 관리하고 극대화하는 방식의 관리 중심 경영을 해왔다면 애플은 고객 중심의 창의로 기업을 움직이는 스마트한 기업이다. 생각해보라. 고객이 직접 생산과 유통, 비즈니스에 참여한다고 느낀다면 그 회사에 관심과 애정을 갖지 않겠는가.

스티브 잡스와 애플은 뮤직스토어와 앱스토어를 통해 리더십을 고객과의 관계로까지 확장시켜 수평적 리더십으로 개념을 바꿔놓았다. 그것은 고객과 함께하는 비즈니스라는 새로운 모델로 이어져 경영학의 새로운 흐름을 이끌어냈다.

수많은 기업이 스티브 잡스의 창의성과 애플의 디자인을 모방하려 하지만 리더십까지 벤치마킹하지 못했다. 어딘가 모르게 부족하다고 느낀 것은 이러한 리더십 때문이었다.

스티브 잡스의 차별적 리더십과 전략은 디지털 비즈니스 환경에서 큰 위력을 발휘하고 있다. 그의 리더십은 몇 년 전에 「포춘」이 잭 웰치의 일곱 가지 경영 원칙을 비판하며 내세운 새로운 경영 원칙 일곱 가지와 매우 유사하다.

- ■ 민첩해야 하며, 규모가 커서는 곤란하다.
- ■ 틈새시장을 찾아 새로운 것을 창조해야 한다.

- ■ 고객이 왕이다.

- ■ 안이 아닌 밖에서 찾아라.

- ■ 열정적인 사람을 고용하라.

- ■ 용기 있는 CEO를 고용하라.

- ■ 자신의 영혼을 경배하라.

우주에 흔적을 남기는 스티브 잡스의 리더십을 살펴보자.

- ■ 새로운 시장을 창조하라.

- ■ 양量보다는 질質이다.

- ■ 고객 기술을 끌어들여라.

- ■ 소프트웨어와 어플리케이션을 중시하라.

- ■ 혁신의 동력은 내부가 아닌 외부에 있다.

- ■ 스마트 리더가 돼라.

- ■ 직원에게 기회를 주라.

　　스티브 잡스의 리더십은 「포춘」에서 한 발 더 나아갔다. 예를 들어 "고객이 왕이다."라는 문구가 "고객과 함께 가라."로 바뀌며 동반자적 관계를 강조한다. 그것도 반 발짝 앞서서 걸어가는 동반자 말이다. 이는 함께 가면서도 때론 가이드 역할을 하며 신천지로 가는 리더십을 뜻한다. 이러한 동반자 리더십이야말로 디지털 경영에서 리더가 갖춰야 할 덕목이다.

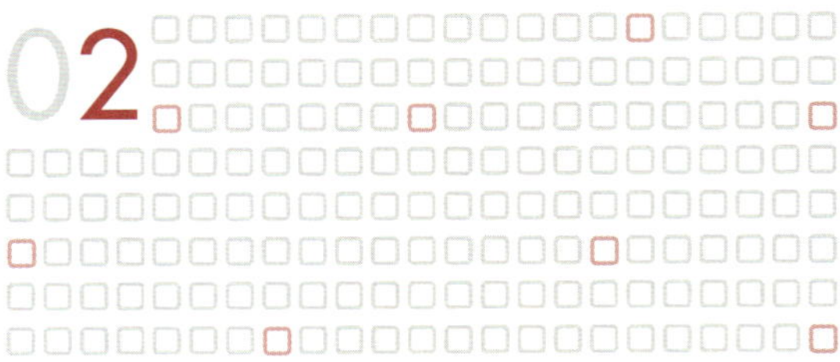

고객 욕구를 충족시키는
새로운 시장을 창조하라

혁신이라는 단어와 동의어가 된 듯한 애플은 디지털 리더십으로 새로운 시장을 개척하고 있다. 그리고 언제나 그렇듯 새로운 승자는 기업경영 말고도 여러 분야에 영향을 미쳤다. 사회 곳곳에서 이제 애플을 보고 배워서 변해야 한다며 다양한 관점에서 분석을 하고 있다. 한때 생존 위기에 몰렸던 애플이 재기에 성공해 전 세계를 호령하는 기업으로 재탄생한 비결이 궁금한 것이다.

1990년대 중반 스티브 잡스를 축출하고 난 뒤 애플은 위기가 연속됐다. PDA 제품의 시초로 평가받은 '뉴턴 PDA' 실패, 마이크로소프트와의 운영체제 경쟁 패배 그리고 주력인 컴퓨터 시장에서도 밀려나는 등 미래가 불투명하던 애플은 누가 봐도 회생불능에 빠졌다. 하지만 지금은 어떤가. 한마디로 '어메이징 애플Amazing Apple'이라 할 수 있다.

스티브 잡스의 귀환 이후 생존 위기를 극복한 애플은 승승장구하고 있다. 아이폰 판매 호조로 2009년 4분기 매출과 이익이 역대 최고 실적을 기록한 애플은 기세를 이어 전혀 새로운 형태의 태블릿 PC인 아이패드를 공개했다. 이미 애플 컴퓨터라는 이름을 버리고 애플로 개명한 이 회사는 디지털 기기 전 분야에 강력한 도전장을 내밀며 제국을 건설하고 있다. 이제 그 칼날은 구글을 향하고 있으며 디지털 기기에서 미디어, 모바일 광고 시장까지 거침없는 행보를 보이고 있다.

2009년 4분기에만 매출 156억 8,000만 달러, 순이익 22억 8,000만 달러라는 놀라운 수익을 올린 애플은 공룡 기업의 규모나 효율성 싸움에서도 전혀 밀리지 않고 있다. 말 그대로 스마트하게 규모만 키우려는 것이 아니라 알짜배기 수익성을 극대화하는 데 성공한 것이다.

노키아나 삼성전자가 휴대전화 분야에서 분기마다 5,000만 대가 넘는 판매량을 보이며 1조 원 안팎의 이익을 내는 반면, 애플은 아이폰이라는 단일 모델을 800여 만 대 팔아 무려 4조 원에 가까운 이익을 냈다. 적게 팔고 많이 버는, 그야말로 스마트한 비즈니스를 하는 것이다.

무선인터넷 데이터 시장의 주도권도 애플이 쥐고 있다. 한 모바일 광고회사가 2009년 4분기 세계 모바일 광고 소통량을 분석했더니 아이폰이 50%를 넘는 점유율을 보였다고 한다. 애플의 시대, 팍스 애플의 도래라고 해도 지나친 말이 아니다.

혹자는 애플의 이러한 성공을 두고 수익성이 검증된 시장에 후발로 진입해 디자인 하나로 성공했을 뿐이라고 혹평하기도 한다. 어느 영화배우의 수상 소감처럼 '다 차린 밥상에 숟가락만 얹었을 뿐'이라는 말이다.

그러나 MP3플레이어, 스마트폰, 태블릿 PC 시장에 후발주자로 참여한 애플은 무임승차만한 게 아니다. 비록 뒤늦게 시장에 진입했지만 기존 제품의 아류작이 아니라 신시장을 개척하거나 시장을 확대해 선발주자들을 추월했다. 지지부진하던 스마트폰 시장이 아이폰의 등장으로 활기를 띠며 시장을 확대하는 것만 봐도 알 수 있다.

스티브 잡스와 애플의 구성원은 레드오션의 수많은 난파선을 본 것이 아니라 블루오션으로 떠날 새로운 배를 기다리던 고객을 주목했다. 그리고 이들 고객이 진정 무엇을 원하는지를 알아내는 소통 능력을 발휘했다.

스티브 잡스는 고객의 욕구와 더불어 최신 기술의 트렌드, 문화의 흐름 등을 면밀히 지켜보며 시장을 개척했다. 그는 「롤링스톤」과 인터뷰하면서 "미래를 정확히 예측하기란 정말 어렵다. 다만 어느 쪽으로 나아가는지 감지할 뿐이다. 어떤 신기술이 새롭게 등장하고, 또 어떤 기술이 수명을 다했는지를 살펴봐야 한다. 그리고 시간이 흘러감에 따라 그것이 어떻게 변해 나가는지 파악해야 한다."라고 했다. 이런 변화의 추이를 살펴본 뒤 자신이 가야 할 방향을 정하고 서서히 속도를 내며 신천지로 향한다. 이때 어떤 말을 타고 갈지를 정한다.

애플과 고객이 타고 가야 할 말은 너무 빠르고 통제하기 힘든 야생

마도 안 되고, 지극히 순종적이어서 태연하게 걸으려는 말도 안 된다. 스티브 잡스는 "언제 어떤 말을 타고 달려야 할지를 알아야 한다. 또 실행까지는 어느 정도 시간이 걸리기 때문에 그만큼 앞서 나가야 한다. 요컨대 달리는 기차에 올라타려면 달리는 속도를 계산해야 한다."라며 치열한 경쟁이 벌어지는 기존 시장에서 아류작이나 남들이 알아주지 않는 신제품으로 승부를 걸지 않았다.

애플은 익숙하면서도 의외성을 주는 제품을 만들어 시장의 스타로 등장했다. 애플의 제품이 나오기 전까지는 그 시장이 존재하지 않았던 것처럼 느끼게 만들었다. 스마트폰 시장, 태블릿 PC 시장, MP3플레이어 시장은 모두 애플 제품 등장 전과 후로 나뉜다. 이런 일종의 착시효과는 르네상스 시대를 연상시킨다. 르네상스 전후로 암흑의 중세시대와 근대로 구분하는 것처럼 연이은 성공을 이어가는 애플의 존재감은 남다르다. 애플 제품을 전후로 시장 흐름이 바뀌었다는 것은 경쟁자조차도 인정했다.

새로운 시장을 창조해내는 능력이 탁월한 스티브 잡스와 애플은 고객 중심의 기업이라는 형식적인 구호를 굳이 내세우지 않는다. 많은 기업이 고객 중심 기업이라며 대규모 시장조사와 신제품 개발 아이디어를 얻기 위한 포커스 그룹 인터뷰를 하지만 이는 알맹이가 쏙 빠진 찐빵을 만드는 것이나 다름없다. 톡톡 튀는 아이디어 몇 개를 얻었다고 해서 고객이 원하는 제품을 만들 수 있는 것은 아니다.

스티브 잡스는 언제나 사용자의 경험을 예상하고 새로운 아이디어로 고객의 욕구를 충족하는 방법을 생각했다. 그는 「비즈니스 위크」

와 인터뷰에서 "컴퓨터와 같이 복잡한 제품의 경우 포커스 그룹의 의견을 가지고 디자인하기는 매우 어렵다. 사람들은 눈앞에 보여주기 전까지는 자신이 무엇을 원하는지 모르는 경우가 태반이기 때문이다."라고 말했다.

이런 그를 보고 함께 일을 해본 어떤 이는 "스티브 잡스는 시장조사를 하지 않고 자신의 감성적인 우뇌가 기술적인 좌뇌에게 피드백을 주는 것이 시장조사라고 생각한다."라며 그의 독특한 시장분석법을 평가했다. 어찌 보면 오만한 천재의 모습이 엿보이는 것 같지만 실제로 닌텐도 성공에서도 알 수 있듯 시장과 고객의 꽁무니만 쫓아가는 것을 경계한다는 의미가 담겨 있다.

만약 스티브 잡스가 아이팟을 개발할 때 전통적 시장조사 방식으로 포커스 그룹 인터뷰를 했더라면 어땠을까? 아마도 메모리 용량을 키워야 한다는 둥, 크기를 줄여달라는 둥, FM 라디오 기능이나 여타 복합 기능을 넣어야 한다는 둥 수많은 의견에 시달렸을 것이다. 반면에 포커스 그룹에서 "휠 마우스를 만들어 서치를 쉽게 해야 한다."와 같은 의견이 나왔을 확률은 매우 낮았을 것이다. 시장과 고객의 꽁무니를 따라다니며 제품을 만들었다면 기존 시장에서 버티고 있던 MP3 플레이어와 차별화는 요원했을지도 모른다.

새로운 시장을 창조해낸 스티브 잡스는 디지털 기기 개발을 일종의 예술로 여긴 것 같다. 그래서 자신의 창의성을 표현할 때도 지극히 개인적인 표현력이라고 생각한다. 생각해보라. 어느 예술가가 자기 작품을 만들 때 시장조사를 하거나 포커스 그룹 인터뷰를 하는가.

스티브 잡스는 집요하게 자기 작품 세계를 파고드는 예술가의 면모를 보여준다. 이런 모습은 일 중독자의 특성으로 나타나기도 한다. 검은색 터틀넥 티셔츠와 청바지가 떠오르는 그의 이미지는 한결같다. 한번 개발에 착수하면 밤낮없이 연구실에서 숙식하며 온갖 기계를 분해하고 조립하기를 반복한다. 예술가의 정서로 몰입하며 새로운 작품, 즉 신시장을 개척하는 것이다.

스티브 잡스의 리더십 중 첫 번째는 이렇듯 새로운 시장을 찾아내 직원들에게 창작의 기쁨을 느껴보자며 가슴속 깊이 잠재된 열정을 끄집어내는 것이다. 열정과 몰입을 통한 신시장 개척은 위대한 작품을 만들어내는 과정이다. 그의 말대로 애플 구성원은 창작 활동을 위한 몰입을 즐겼다.

"애플 구성원은 애플에서 일하는 것을 매우 좋아한다. 그곳에서 일하는 것만으로 흥분을 느낀다. 애플은 열정이 충만한 곳이다. 직원들은 모두 애플을 사랑하고 제품에 대해 진정한 믿음을 가지고 자신이 하는 일을 즐긴다."라는 한 직원의 말처럼 애플의 예술가들은 열정으로 미쳐 지금 이 순간에도 창작활동에 전념하고 있다.

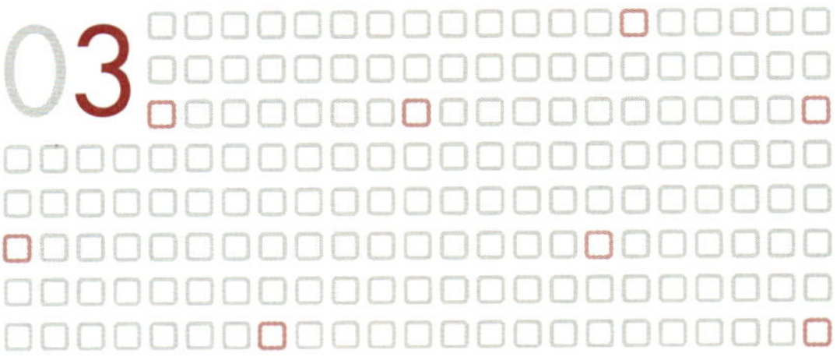

03

양보다
질이다

스티브 잡스는 기자들에게서 "가장 혁신적인 기업의 경영자로서 어떻게 혁신을 일으키느냐?"라는 질문을 자주 받는다. 그러면 그는 이렇게 대답한다.

"혁신은 연구개발비의 액수와는 아무 상관이 없다. 애플이 매킨토시를 만들었을 때 IBM은 적어도 100배의 연구개발비를 썼다. 돈의 문제가 아니다. 문제는 당신이 어떤 인재를 보유하고 그들을 통해 어떻게 혁신을 이끌어낼 것이며 여기에서 얼마나 혁신을 이루어내느냐 하는 것이다."

수천만 대나 되는 아이폰을 만들어내는 애플은 아이러니하게도 생산 공장을 가지고 있지 않다. 아이폰이나 아이팟을 구매한 사람들은 제품 뒷면에 표시된 'Made in China'를 보고 흠칫 놀라는 경우가 많다. 애플이 미국에서 직접 생산하지 않고 위탁생산하기 때문이다. 물론 메이드 인 차이나라는 문구 위에 'Design by Apple'이 적혀 있어 짝퉁이 아님을 알고 안심한다. 하지만 중국에서 생산되었다는 사실이 못내 찜찜하기도 하다. 디자인이야 그렇다 해도 실제 제품의 품질이 떨어지는 것이 아닌가 하는 의구심이 든다. 그러나 애플의 뛰어난 디자인 못지않게 아이팟의 성능 또한 뛰어나다는 평을 받고 있다. 위탁생산이지만 품질관리를 강도 높게 한다는 증거이다.

아이팟은 2억 대 이상 팔려 휴대용 플레이어 시장에서 세계 최고 베스트셀러 제품이 됐다. 이전까지는 소니의 워크맨이 3,000만 대를 팔아 1등 자리를 지키고 있었다. 그런데 후발주자인 아이팟이 단숨에 기록을 깼다. 생산 공장이 없는 애플이 어떻게 이런 실적을 올릴 수 있었을까? 어마어마하게 많은 양의 제품을 생산해낸 비결은 대체 뭘까?

스티브 잡스는 애초부터 아이팟이나 아이폰을 직접 생산할 생각이 없었다. 설계과정에서부터 외부와 협력하는 것을 염두에 두었다. 생산량에 신경 쓰기보다 품질에 만전을 기하며 완벽한 품질을 구현하는 것에 몰두했다.

아이팟을 처음 만들 때 칩은 포털 플레이어에서 공급받고 여타 부품도 가능한 한 표준 제품을 이용해 부품 공급을 용이하게 했다. 그리고 각각의 전문 분야에서 최고로 꼽히는 기업들에게 부품을 공급받다 보니 품질문제가 생기는 것도 최소화했다. 메모리는 삼성전자, 하드디스크는 도시바, 충전용 배터리는 소니, 자기헤드는 TDK 등 모두 해당 분야의 1위 기업이다.

혼자 모든 것을 하겠다는 것은 만용일 수 있다. 뛰어난 리더일수록 자신이 할 수 있는 분야를 무작정 늘리려고 하지 않는다. 자신의 강점을 강화하고 모자라는 점은 외부 도움을 받아 부족한 부분을 채우려 한다. 굳이 자신이 모든 것을 하겠다며 에너지를 낭비할 만큼 어리석지 않다.

링컨이 대통령에 당선돼 내각을 꾸릴 때였다. 어떤 은행가가 링컨의 집무실에서 나오는 한 상원의원을 보고 입각하게 됐느냐고 물었다. 그러자 그 상원의원은 장관으로 임명받았다고 대답했다. 그러자 은행가가 물었다.

"아니 능력이나 학력을 봐도 의원님께서는 링컨보다 훨씬 뛰어난데 왜 그의 밑에서 일하시려는 겁니까?"

"바로 그것 때문에 입각하는 거예요. 그래야 제가 돋보이니까요."

이 은행가는 오만한 상원의원의 말을 그대로 링컨에게 전하면서 장관 임명이 잘못됐다고 슬며시 말을 꺼냈다.

"그 상원의원은 자신이 대통령보다 훨씬 잘났다고 생각한단 말입니다."

"그래요? 그런데 그 의원처럼 생각하는 사람이 혹시 또 있는지 아시나요?"

은행원이 잘 모른다면서 왜 그런 질문을 하는지 물었다. 그러자 링컨은 그런 사람을 모두 데려다가 입각시키려고 한다며 태연히 말했다. 은행가는 뜨악했다. 대통령을 우습게 보는 의원 이야기를 꺼냈는

마켓3.0 시대의 스마트 비즈니스 전략

데 화를 내기는커녕 그런 사람이 있으면 또 입각시키겠다니 쉽게 이해되지 않았던 것이다.

스티브 잡스는 링컨처럼 모든 면에서 자신이 뛰어나다고 생각하지 않았다. 자신이 잘하는 분야에 대한 지독한 열정과 자부심을 가지고 있을 뿐이다. 링컨처럼 뛰어난 리더는 자신보다 역량이 훨씬 뛰어난 사람들을 인정할 뿐만 아니라 적극 등용해 활용한다.

스티브 잡스도 일벌레처럼 지독하게 일하지만 그렇다고 일하는 시간과 양, 모든 것을 자신 또는 애플이 하겠다는 것이 아니다. 자신이 이루고자 하는 목표를 달성하기 위해 가장 전문적이고 뛰어난 인재 또는 외부 업체와 네트워크를 만들어 질을 높이려고 한다.

스티브 잡스와 애플은 신제품을 시장에 내놓기까지 디자인과 소프트웨어 개발에만 전념했다. 그리고 설계가 구체적으로 진행되면서 생산을 위한 준비도 병행했다. 이때 애플은 전자제품 생산을 위탁받아 전문적으로 제조와 서비스를 담당하는 회사인 EMS Electronic Manufacturing Service 업체를 찾았다. 그 회사가 중국에 공장을 둔 대만 국적의 혼하이 Hon Hai다. 혼하이는 전자제품을 위탁생산하며 개발만 빼고 생산과 자재, 물류까지 대행을 하는 업체다. 이 업체는 애플뿐만 아니라 노키아의 휴대전화, 닌텐도 DS까지 위탁생산하는 최고의 EMS 기업이다.

애플은 혼하이를 통해 생산과 물류를 해결했다. 혼하이는 중국의 싼 인건비로 제품을 대량 생산할 수 있었고 홍콩 인근에 공장이 있어 곧바로 전 세계에 배송이 가능했다. 혼하이는 싸고 많이 생산할 수 있다는 경쟁력만 갖춘 게 아니었다. 품질과 기밀 유지가 철저하기로 유명한 혼하이는 양보다 질을 추구하는 애플의 기대를 충족시켜주기에 모자람이 없었다.

이처럼 애플은 아이팟을 처음 만들 때 가전제품이나 소형 디지털 기기를 대량 생산할 수 있는 시설이나 경험이 없었지만 만족할 만한 대안을 마련했다. 양보다 질을 추구하며 생산과 물류 문제를 위탁생산으로 해결했다. 아이팟을 만들면서 애플이 디자인한 부품을 혼하이로 보내면 그들은 빠른 속도와 저렴한 비용으로 생산했다. 더군다나 베일에 싸인 애플과 고객 기업의 기밀을 철저하게 지켜주는 혼하이의 만남은 애플이 더 나은 질을 추구하는 데 전력을 다할 수 있도록 해주었다.

리더십의 두 번째 항목인 '양보다 질을 추구'하기 위해 애플은 부품의 공급과 생산, 물류의 아웃소싱을 과감히 실시했다. 무조건 내가 하겠다는 더하기 과욕을 부리는 것이 아니라 내가 할 수 없는 것은 절제하고 나보다 뛰어난 사람에게 위임하는 것이야말로 제품이나 서비스 품질을 최대한 높일 수 있는 지름길이다.

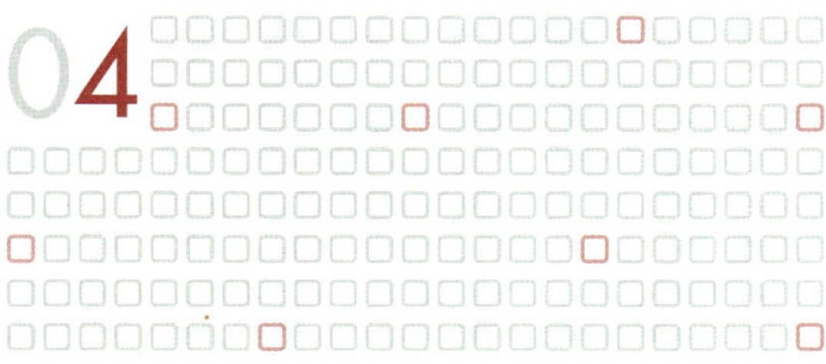

고객 기술을
내 것으로 만들어라

스티브 잡스는 IT기술 구현 과정을 예술작품을 만드는 것과 똑같이 여기고 있다. 그는 "나는 한 번도 예술과 기술이 별개라고 생각하지 않았다. 레오나르도 다빈치는 위대한 예술가이지만 동시에 과학자이기도 하다. 내가 아는 훌륭한 컴퓨터 과학자 10여 명도 모두 음악가이다."라고 말했다. 그리고 어느 분야든 최고 입지를 자랑하는 사람들은 스스로 두 갈래로 갈라진 나무의 어느 한쪽이라 생각하지 않는다며 오히려 두 가지를 하나로 결합한다고 했다.

그런데 예술과 기술의 결합을 말하면서도 혼자만 만족하기 위해 제품을 개발하는 것이 아니다. 스티브 잡스는 지독하리만치 사용자 처지에서 제품을 만들려고 한다. 그에게 예술이란 고객이 편하게 사용하고 아름답다고 느낄 수 있는 디자인을 뜻한다. 신이 내린 재능 운운하며 '나 홀로 미학'을 추구하는 것이 아니다.

스티브 잡스는 일본에 가서 소니의 아키오 모리타 회장을 만난 적이 있다. 그때 모리타 회장이 워크맨을 선물했다. 워크맨을 받은 스티브 잡스는 대뜸 분해했다. 그러곤 부품 하나하나를 살펴본 뒤 어떻게 만들어지고 마무리됐는지 살펴보았다. 그렇게 뜯어본 것이 단지 기계에 대한 호기심 때문은 아니었을 것이다.

고객 처지에서 일일이 제품을 뜯어보는 그의 집요함은 애플 제품이 고객에게 사용하기 가장 편리한 제품으로 인식돼야 한다는 고집스러움으로 볼 수 있다. 마치 유명한 냉면의 육수를 가져와 맛을 보며 그 비법을 찾아 고객에게 내놓겠다는 요리사의 열정과도 같다.

공급자만의 세계에 빠져 완벽하게 만들었다며 내놓은 제품이 '저주받은 걸작'이라는 달갑지 않은 칭호를 얻고 시장에서 사라지는 경우가 많다. 애플도 과거 뉴튼 PDA의 악몽이 있지 않은가.

스티브 잡스에게 완벽한 제품, 기술과 예술이 결합된 제품은 고객 처지에서 사용하기 편하고 유용한 기능을 제공하는 것이다. 매킨토시 케이스를 디자인하기 위해 메르세데스 자동차의 디자인을 보며 선명한 디테일과 매끈하게 흐르는 선의 미학에 감탄하는 그에게 기술과 예술 혹은 창의성은 동전의 양면이다. 이런 그의 시선이 향하는 최종 목적지는 고객이다.

고객 처지에서 고객과 동반자적 관계를 중시하는 스티브 잡스는 사용자의 경험에 매우 세심하게 주위를 기울인다. 고객의 사용 경험에 직관력을 가지고 있고 그것이 혁신의 원동력이다. 그래서 애플의 최고 자산은 바로 고객이다.

한 바이어가 물건을 구매하려고 여러 나라를 출장 다니다가 마지막 목적지에 왔을 때였다. 업계에서 거물로 유명한 바이어가 온다는 말에 관련업계 공급자들은 서로 바이어를 데려가려고 치열하게 경쟁했다. 업계에서 노련하고 경험이 많은 몇몇 공급업자는 이미 바이어의 본사에 연락해 식사 약속을 잡거나 바이어가 묵을 호텔에 꽃과 선물을 보내는 등 그동안 쌓아온 인맥과 거래 수완을 총동원했다. 자신들이 가지고 있는 제품의 질이나 가격이 비슷한 수준이라서 바이어 눈에 들려면 제품만으로는 안 된다는 것을 알았기 때문이다.

이렇게 경쟁이 치열한 상황에서 이제 갓 관련업계에 진출한 한 공급업자는 상황을 예의주시했다. 이 공급업자는 혹시나 하는 마음에 다른 업자 중에서 누가 공항에 마중을 나가기로 했는지 알아보았다. 그는 수소문 끝에 마중 나가기로 한 업자를 찾아냈다. 그리고 그 업자가 벤츠 승용차와 기사까지 준비한 것도 알아냈다. 그제야 신입 공급업자는 미소를 지었다.

바이어가 공항에 도착했을 때 벤츠를 끌고 온 업자는 난감한 상황에 빠졌다. 제 딴에는 융숭하게 대접하겠다며 벤츠를 동원했지만 바이어의 짐을 다 실을 수 없었던 것이다. 그동안 돌아다닌 나라에서 가지고 온 견본만 해도 엄청 많았던 탓에 다 싣지 못하고 쩔쩔매고 있었다. 이때 중형버스가 벤츠 옆으로 다가왔다. 버스 문이 열리더니 한 사람이 내렸다. 그는 바로 신입 공급업자였다. 그는 난감한 표정을 짓

Part_05
최초의 **덴트 리더, 스티브 잡스**의 **스마트 카리스마**

고 있던 바이어에게 자신을 소개하면서 버스에 오르라고 권유했다.

바이어는 당연히 버스에 올랐고 짐도 옮겨졌다. 그리고 계약은 이제 막 관련업계에 들어온 신입 공급업자 몫이 되었다. 이 신입 공급업자는 바이어 처지에서 생각했기 때문에 계약에 성공할 수 있었다.

이제는 관행에 익숙하고 공급자 관점에서만 고객을 바라보면 성공은커녕 생존도 장담할 수 없다. 신입 공급업자는 세심하게 바이어 처지에서 생각했기 때문에 뭐가 필요한지 알아낼 수 있었다. 고객과 함께하는 것이 상투적 구호가 아니라 실제로 고객 처지에서 세세한 것까지 생각하기 때문에 고객이 애플에 열광하는 것이다.

애플은 웬만한 스타가 부럽지 않을 정도로 팬이 많은 기업이다. 애플 마니아라 불리는 충성스러운 고객들은 누가 시키지 않아도 알아서 애플 제품을 홍보한다. 유명 연예인들의 팬클럽이 아무런 대가 없이 스타를 위해 자발적으로 행동하는 것과 비슷하다. 많은 기업이 '고객 충성도'를 강조하며 갖가지 방법으로 고객을 유인하는 데만 신경 쓰지만 애플은 이미 고객과 한 몸이 되어 있다. 이런 고객이야말로 애플의 가장 중요한 자산이다.

이렇게 고객과 함께하는 전통은 매킨토시에서 시작되었다. 그리고 아이팟과 아이폰으로 이어지면서 제품 개발뿐만 아니라 비즈니스 영역으로 확장되었다. 바로 고객 기술을 끌어들인 것이다.

애플은 전문가를 비롯한 수많은 개인과 함께 비즈니스를 수행한다. 그래서 애플에는 이른바 롱테일Long Tail 법칙이 통한다. 인터넷 비즈니스에 성공한 기업들이 대부분 20%의 머리가 아니라 80%에 해당

하는 꼬리, 즉 다수의 일반 고객 덕분에 성공한 것처럼 말이다.

아이튠즈 뮤직스토어만 보더라도 음원을 다운로드받아 사용하는 이들은 대부분 개인 고객이다. 그런데 이 개인들이 수많은 곡을 유료로 다운받았고, 아이팟은 2억 대 이상 팔렸다. 그러니 애플은 기업 고객의 눈치를 볼 이유가 없다.

아이튠즈 뮤직스토어를 통해 고객의 자발성을 확인한 스티브 잡스는 아이폰 출시를 계기로 고객 기술을 본격적으로 끌어들여 새로운 비즈니스 모델을 창출했다. 음원이 거래되는 뮤직스토어와 고객 스스로 콘텐츠를 생산하는 팟 캐스팅의 조합인 앱스토어를 개설해 고객의 기술 참여를 더욱 활성화시켰다. 특히 소프트웨어 개발 도구인 SDK를 공개해 누구나 아이폰의 어플리케이션을 쉽게 개발할 수 있게 했다. 이와 같이 고객이 자신의 기술을 쉽게 애플과 나눌 수 있게 하여 명실상부한 비즈니스 동반자가 될 수 있는 기회를 제공했다.

미국의 커머스뱅크Commerce Bank CEO 버논 힐Bernon Hill은 "더 나은 금리조건 때문에 신규 계좌를 만드는 고객은 전체의 3%에 불과하다. 62%는 더 좋은 서비스와 편리함 때문에 신규 계좌를 만든다. 다른 은행들이 이 3%를 놓고 경쟁한다면 우리 은행은 62%를 위해 경쟁하겠다."라고 했다. 실제로 커머스뱅크는 다른 시중 은행보다 이자율이 0.5% 낮다고 한다. 그러나 일주일 내내 쉬지 않고 아침 9시부터 밤 8시까지 연중무휴로 운영하고 차별화되는 서비스를 하면서 경쟁력을 키웠다.

애플 제품에 열광하고 스티브 잡스의 프레젠테이션에 환호하는 고객은 팬덤Fandom현상과 비슷한 양상을 보여준다. 이런 팬들을 위한 스티브 잡스의 노력은 집착에 가까울 정도이다. 포장 박스 디자인 하나에도 사용자의 편의성과 미적 감각을 고려하는 그에게 팬, 즉 고객과의 소통을 가로막으려는 기존 시장의 질서나 관행 따위는 혐오의 대상일 뿐이다.

고객은 단순한 이익에 만족하기보다 경험에 더 큰 가치를 부여한다. 고객이 만족할 수 있는 경험은 실제 고객과 함께하며 그 처지가 돼야만 알 수 있다. 스티브 잡스가 사용자의 경험에 그토록 집착하는 이유가 바로 여기에 있다. 그리고 그 경험을 기업 경영에 참여하는 것으로 느낀다면 더할 나위 없이 최고의 고객 관계를 만들 수 있다. 고객 기술을 끌어들이는 것은 고객 경험의 극대화를 창출하는 리더십인 셈이다.

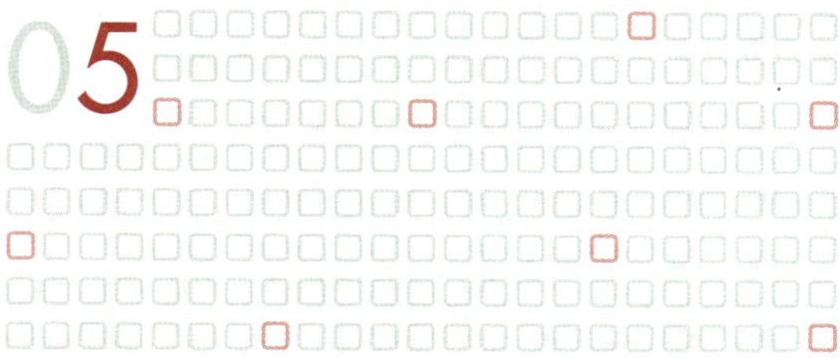

소프트웨어와 어플리케이션에
집중하라

혹자는 스티브 잡스를 보고 편집증 환자라고 한다. 회사 운영이나 재무에 대해서는 전적으로 전문가에게 맡기지만 제품개발에 관해서는 아주 사소한 것까지 통제하며 주도하는 모습을 빗댄 표현이다. 하드웨어에서 소프트웨어, 디자인, 온라인 서비스까지 그의 승인이 떨어져야만 개발이 완료된다.

이는 그가 추구하는 고객 철학이 제품의 모든 곳에 반영돼야 하기 때문이다. 첨단 기능을 탑재해야 하는 컴퓨터나 스마트폰일수록 그의 통제는 더욱 심해진다. 이렇게 설계와 개발, 디자인까지 일일이 개입하는 스티브 잡스가 아니고선 설계와 디자인, 프로그래밍까지 아우르며 혁신적 제품을 만들어낼 수 없다. 이 과정이 수십 번 반복되면 최종 형태의 제품이 만들어진다.

아이맥에서 아이팟, 아이폰, 아이패드까지 이어지는 스티브 잡스의 통제는 소프트웨어까지 그 대상이 된다. 고객이 쉽게 조작하려면 하드웨어뿐만 아니라 소프트웨어도 뒷받침되어야 하기 때문이다.

스티브 잡스는 고객이 사용하는 소프트웨어를 중시했다. 그는 기기 분야가 아예 다르거나 모델을 변경할 때마다 새롭게 소프트웨어를 설치하고 복잡한 사용법을 공부해야 하는 것을 무엇보다 질색했다.

애플의 아이튠즈는 기기마다 다른 소프트웨어를 설치하는 수고로움을 덜어준다. 컴퓨터, MP3플레이어, 스마트폰까지 아이튠즈는 일관되게 적용된다. 소프트웨어 하나로 다양한 기기를 이용할 수 있다는 것은 사용자에게는 꽤나 효율적이다. 이렇게 하나의 소프트웨어로 다양한 제품에 적용할 수 있으니 고객은 컴퓨터, 스마트폰, MP3플레이어 등 다양한 기기를 애플 제품으로 구성하고 싶은 욕구를 느끼게 된다.

'하나의 소프트웨어' 정책은 고객이 편리하게 사용한다는 가장 기본적인 상식과 맞닿지만 좀 더 살펴보면 스티브 잡스와 애플의 원대한 계획이 배경으로 자리 잡고 있다. 스티브 잡스는 2001년 1월 샌프란시스코 맥월드 기조연설에서 앞으로 10년 동안 애플의 혁신방향은 '디지털 허브Digital Hub'라고 선언했다. 말뿐인 비전과 구호가 아니라 실제로 이후 회사 이름도 애플컴퓨터에서 애플로 바꾸고 디지털 허브 기업으로 거듭났다. 이 선언이 있고 난 뒤 컴퓨터 제조업체에서 MP3플레이어, 스마트폰, 태블릿 PC는 물론 이제는 텔레비전까지 개발 중이라는 이야기가 들려온다.

애플은 디지털 허브라는 돛을 달고 순항하는 동안 가전, PC, 통신 제품에다가 하드웨어와 소프트웨어, 어플리케이션을 모두 갖추게 됐다. 스티브 잡스는 이런 통합 비즈니스를 수행할 수 있는 기업은 애플밖에 없다고 단언했다. 그리고 디지털 허브를 고객이 피부로 느낄 수 있도록 어플리케이션에 특히 주목했다. 이런 그의 바람을 고객도 이해했는지 앱스토어 개설 1년 만에 20억 건의 다운로드가 발생했다. 수많은 어플리케이션을 고객이 직접 만들어 유통하고 거래하며 자신들의 시장에서 고객끼리 비즈니스를 활발히 전개한다.

아주 먼 옛날이나 지금이나 지리적으로 허브, 즉 관문 위치에 있는 도시야말로 문명과 경제의 중심지 구실을 했다. 실크로드의 고대 도시들과 지중해의 알렉산드리아는 도시 자체가 사람과 물건, 학문이 교류되는 공간이었다. 그중 알렉산드리아는 '세계의 배꼽'이라고 할 정도로 교역의 중심이 되면서 문명이 전파되고 상업이 발달했다. 21세기 알렉산드리아는 특정한 지역이 아니라 애플처럼 디지털 세계의 기업과 소프트웨어 그리고 어플리케이션이다.

스티브 잡스가 공언한 '디지털 허브'는 점점 진화해 '어플리케이션 허브'로 면모를 갖추었다. 이제 막 출시한 아이패드는 태블릿 PC가 진화해 모바일과 컴퓨터, 다양한 소프트웨어를 한곳에 모아놓은 허브이자 알렉산드리아다.

신문과 잡지, 책과 같은 콘텐츠 산업은 아이패드로 촉발된 태블릿 PC 산업의 활성화로 다시 활기를 찾고 있다. 예상대로 아이패드를 출시하기 전부터 관련 산업의 시장이 요동치는 조짐이 보였다. 예컨대 인터넷에 독자를 빼앗긴 신문이나 출판사는 다시 고객을 데려올 기회라 여기며 관련 어플리케이션 개발에 상당히 적극적이다.

고객은 아이팟, 아이폰을 사용하면서 익숙해진 앱스토어를 아이패드에서도 만날 수 있다. 그래서 아이패드는 고객 아이디어를 가전, 통신, 컴퓨터에서 응용할 수 있는 어플리케이션의 허브로 자리매김할 것이다.

애플의 이러한 어플리케이션과 소프트웨어에 대한 접근은 다른 디지털 대기업의 하드웨어 중심 전략과 상당히 대비된다. 인프라와 하드웨어보다 문화와 콘텐츠 비즈니스에서 우위를 점하는 기업이 마지

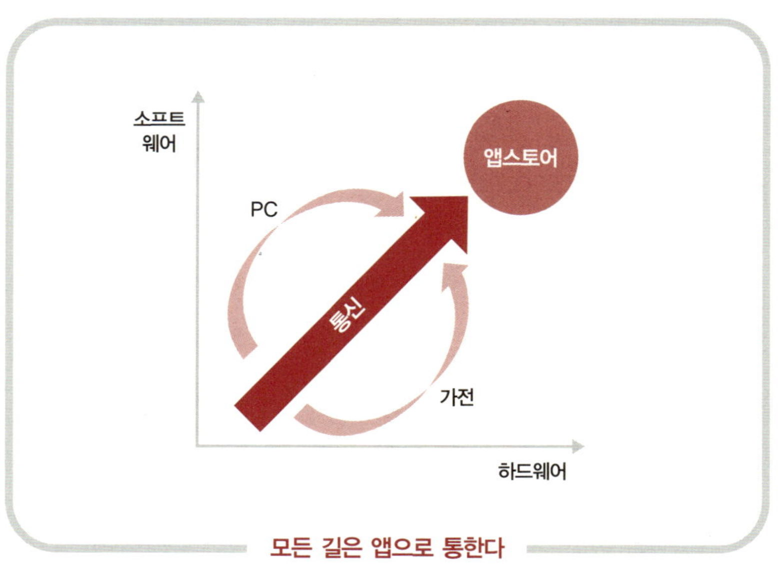

모든 길은 앱으로 통한다

막에 웃으리라는 21세기 경영법칙과도 맞아떨어진다.

아직도 기존 기업들은 애플에 대항하기 위해 승부수를 던진다며 더 나은 하드웨어를 갖추려고 한다. 아무리 좋은 하드웨어와 고성능을 갖춘 기기라도 사용하기에 복잡하고 이렇다 할 어플리케이션이 없다면 최고급 주방과 각종 요리 기구를 갖추었지만 변변한 식재료가 없는 식당과 다를 게 없는데도 말이다.

소프트웨어와 어플리케이션을 중시한다는 것은 고객 처지에서 기기 활용도를 고민한다는 것과 같은 말이다. 구입한 기기를 어떤 목적으로 사용할지, 어떻게 이용할지에 대해 고객과 똑같이 생각하기 때문에 지나친 하드웨어 경쟁에 휩쓸리지 않는다. 애플은 고객에게 가장 최적화된 제품을 만드는 것이 우선이지 첨단 기술을 뽐내는 경연장에 출품할 발명품을 개발하려는 것이 아니기 때문이다.

막강한 위용과 최강의 군대를 보유한 조조가 약소한 유비의 촉나라를 쉽게 공략하지 못한 것은 촉나라가 군사력이라는 하드웨어가 우수하기 때문이 아니라 민심이라는 소프트웨어를 갖추었기 때문이다. 사실 하드웨어만 따지고 본다면 촉나라는 관우, 장비, 조자룡 같은 무장과 제갈공명이라는 뛰어난 참모가 버티고 있다 해도 경쟁 상대가 될 수 없었다.

그러나 유비는 민심을 얻었기 때문에 경쟁할 수 있었다. 유비는 자신의 덕치德治에 이끌린 백성의 절대적 지지를 배경으로 오랜 시간 강력한 조조에게 대항했다. 이처럼 하드웨어보다 소프트웨어가 더 큰 힘을 발휘할 수 있다. 애플이 하드웨어가 월등한 경쟁기업과 승부해서 이길 수 있는 것도 소프트웨어와 어플리케이션으로 고객의 마음을 얻었기 때문이다.

소프트웨어와 어플리케이션을 중요하게 여긴다는 것은 비즈니스 기회의 무한확장을 뜻하기도 한다. 하드웨어가 배를 건조하는 고착된 조선소라면 소프트웨어와 어플리케이션은 망망대해 어디서나 항해할 수 있는 날렵하게 잘 만들어진 배라고 할 수 있다.

사람들은 조선소의 가치는 잘 이해하지 못해도 내가 가고 싶은 곳까지 자유롭게 갈 수 있고 신나는 모험을 할 수 있는 배의 가치는 쉽게 알아본다. 조선소에서 건조 중인 배의 한구석에만 있으면 망망대해를 바라봐도 수평선 저 너머에 있을 신세계에 가볼 생각은 아예 하지 못한다. 그러니 세상 변화에 둔감할 수밖에 없다.

변화에 둔감하면 급변하는 세상 밖의 일을 알지 못하고 중화中華만 고집하다 몰락한 청나라와 쇄국의 기치를 올리다 망한 조선의 운명과 다를 게 없다. 기회는 하드웨어에서 연상되는 것처럼 고정되고 둔한 상태에서는 포착하기 어려운 법이다. 소프트웨어와 어플리케이션처럼 변화에 능동적으로 대처할 수 있는 민첩함으로 망망대해를 마음껏 항해할 때 신세계 발견 기회를 움켜쥘 수 있다.

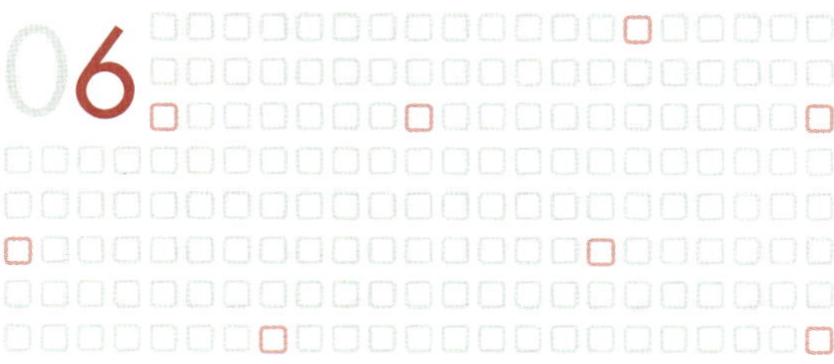

혁신의 또 다른 말은
개방과 협력이다

혁신이라는 단어처럼 혁신적이지 않은 단어는 없을 것이다. 누구나 혁신을 당연하게 여기고 너무 쉽게 꺼내드는 단어이기 때문이다. 매일 혁신과 관련한 교육과 회의를 하고 보고서를 작성하지만 과연 모든 기업이 혁신적으로 환골탈태했는지는 알 수 없는 것이 현실이다.

그동안 혁신과 창의성을 끊임없이 강조했지만 실제 기업 내부를 들여다보면 실망스러운 경우가 많았다. 소통은 막혀 있고, 줄 세우기에 급급하고, 실패나 비판을 받아들이지 못하는 기업이 한둘이 아니다. 이렇게 내부 의사소통도 꽉 막혀 있는데 외부와 소통해 혁신을 꾀한다는 것은 어불성설이다. 혁신적 경쟁 제품이 시장에 등장하면 기껏 언론플레이하는 것 말고는 이렇다 할 소통도, 혁신도 없다.

심지어 혁신의 본질을 잘못 이해하고 이 또한 주입식으로 머리에 새겨두면 저절로 이루어지는 것이라고 착각하기도 한다. 그러다 보니 혁신을 위해 막대한 돈을 투자하고 온갖 활동에 혁신이라는 단어를 갖다 붙인다. 「포춘」의 기사를 보면 잘못된 혁신에 대해 애플과 IBM을 비교한 것이 있다. 「포춘」은 "혁신은 연구개발비 액수와는 무관하다. 애플이 매킨토시를 구상할 무렵 IBM은 연구개발에 100배의 비용을 쏟아 부었다. 그러나 혁신의 본질은 돈이 아니다. 그보다도 당신이 보유한 사람들을 어떻게 이끄느냐, 그리고 결과가 어떻게 나오느냐에 관한 문제이다."라고 지적했다.

애플은 경쟁사에 비해 적은 금액으로 연구개발을 하지만 이것저것 잡다하게 건드리지 않고 소수 프로젝트에 집중하면서 아이맥, 아이팟, 아이폰, 아이패드 같은 혁신적 제품을 만들어냈다. 연구개발 인력이나 비용이 상대적으로 부족하면서 어떻게 이런 결과를 낳을 수 있었을까?

스티브 잡스는 애플 직원들에게 "남들처럼 생각하지 마라!"라는 단순하면서도 가장 혁신적인 명제를 제시했다. 실제로 애플 사무실에는 "다르게 생각하라!Think Different!"라는 포스터가 붙어 있다. 스티브 잡스는 개발자들에게 어떤 문제가 발생했을 경우 근본적인 문제의 원인과 해결방안을 생각하지 않고 간단히 남들이 하는 식으로 대처한다면 모든 것이 뒤죽박죽이 된다고 강조한다.

스티브 잡스는 또한 진짜 뛰어난 개발자는 근본 문제를 찾아 어떤 경우에도 효과를 발휘할 수 있는 새롭고도 혁신적인 해결책을 내놓는다며 애플이 원하는 인재와 개발방식을 규정했다. 이런 인재와 개발방식은 혁신의 동력을 외부에서 찾는다. 즉 규정된 틀 안에 갇혀 생각하는 것이 아니라 자유롭고 창의적인 외부와 소통하며 혁신의 동력을 마련한다.

군이 혁신이라는 단어를 사용하지도 않는 애플은 현장에서도 식스시그마와 BSC_{Balanced Score Card} 같은 혁신기법의 자료를 찾아볼 수 없다. 식스시그마나 BSC는 애초부터 직원들을 신뢰하지 않는다는 'X'이론에 기반을 두고 있다. 그래서 식스시그마는 표준화와 통계 기법으로 직원 관리감독에 중점을 두면서 업무 개선에 그칠 뿐이다. 고객의 아이디어를 조직 내부까지 끌어들여 새로운 가치를 창조하는 기법이 아니다.

스티브 잡스가 요란하게 혁신 구호를 외치거나 식스시그마 같은 내부 통제 기법을 도입하지 않는 이유가 있다. 뛰어난 기술력을 선보였던 매킨토시가 예상 외로 시장을 장악하지 못하고 IBM과 MS의 공세에 밀려난 것은 지독한 폐쇄성 때문이었다. 외부와 협력하지 않고 자체적으로 모든 것을 해결하겠다는 자신감은 스티브 잡스 스스로 애플에서 추방당하는 비극을 불러왔다.

자신이 세운 회사에서 쫓겨난 스티브 잡스는 알려진 대로 픽사에서 일하게 된다. 픽사에서의 경험은 그야말로 반전의 계기이자 화려하고 극적인 컴백을 위한 소중한 기회였다. 특히 내부에서 아무리 천재성과 창의성을 보여도 외부와 제대로 협력하지 못하면 실패한다는 것을 깨달았다.

우물 안 개구리처럼 바깥 세계가 어떤지 모르면서 자신의 관점에서만 '내가 최고!'라고 하는 것이 얼마나 어리석은 일인지 알게 되었다. 내가 부족한 것을 바깥에서 채울 수 있다면 그게 바로 혁신이다. 내 강점과 외부 강점을 결합하면 단점을 보완하는 것이 아니라 새롭고 더 강력한 장점으로 발전할 수 있다.

아이들이 즐겨보는 로봇 만화를 보면 쉽게 알 수 있다. 2대 이상 로봇이 합체하면 단순히 블록 쌓기처럼 더하는 게 아니다. 합체하면서 둘 이상의 파워를 가지게 되고 모습 또한 바뀌어 전혀 새로운 로봇으로 등장한다.

스티브 잡스가 픽사에 들어갈 때만 해도 기술력은 3D 애니메이션을 제작할 수 있었다. 그러나 스토리를 만들어내는 능력과 자금력은 턱없이 부족해서 3D 애니메이션 장편영화를 만든다는 것은 언감생심이었다. 스티브 잡스는 내부에서 끙끙대지 않고 밖으로 눈을 돌렸고, 그의 눈에 들어온 것은 유수한 애니메이션 제작의 전설이 된 디즈니였다. 제작 도중에 디즈니 쪽에서 중단 통보가 오는 등 우여곡절을 겪었지만 끝까지 포기하지 않고 만들어낸 것이 바로 〈토이스토리Toy Story〉다.

〈토이스토리〉는 IT업계의 이단아였던 스티브 잡스를 단숨에 할리우드 스타로 만들었고 이후 할리우드와 엔터테인먼트 업계 인사들을 폭넓게 교류할 수 있는 발판이 되었다. 이때 맺은 네트워크는 나중에 애플로 복귀해 아이튠즈 뮤직스토어를 개설할 때 음반회사 협상에서 많은 도움을 줬다.

스티브 잡스는 픽사에서 〈토이스토리〉를 만드는 동안 두 가지 교훈을 얻었다. 첫째는 문화 관련 비즈니스를 하면서 저작권의 중요성을 새삼 깨달았다. 그는 정식으로 가수의 판권을 얻은 뒤 음반회사와 계약을 맺어 아이튠즈 뮤직스토어에서 음원이 거래될 수 있도록 했다. 스티브 잡스는 모든 창의적 활동에는 얼마나 많은 피와 땀을 흘려야 하는지 잘 알고 있었기 때문에 창작물의 가치와 음악인의 눈물을 존중했다.

음악인은 아이팟과 아이튠즈 뮤직스토어가 나오기 전까지는 MP3 플레이어야말로 재앙의 근원이라고 여겼다. 음악파일을 MP3파일로 변환해 인터넷에서 손쉽게 다운로드받을 수 있게 되자 돈을 지불하고 음반을 사기보다 무료로 다운받는 것이 당연시됐다. 음반시장은 급속도로 위축되고 가수들은 자신의 창작물이 아무런 대가와 가치를 인정받지 못하는 현실에 분개했다.

그러나 스티브 잡스가 아이팟과 아이튠즈 뮤직스토어를 함께 공개하자 음악인의 인식은 바뀌기 시작했다. 애플이야말로 음악업계에서 지적 재산을 보유한 몇 안 되는 회사 가운데 하나라는 것을 인정했다. 또 애플을 디지털 기기를 만드는 업체로만 생각하지 않고 문화 비즈니스를 하는 기업으로 받아들였다. 이런 상호 존중은 온라인 최대 음원 시장을 보유할 수 있는 기반이 됐다. 애플은 음악 산업에서도 큰 손으로 영향력을 발휘했을 뿐 아니라 거꾸로 아이팟이나 아이폰 판매에도 커다란 도움을 받을 수 있었다.

음악인의 지적재산권을 존중한다는 것은 다른 사람들의 창의성을 인정한다는 것이다. 자신이 가지지 못한 창의성을 다른 사람을 통해 제공받을 수 있다면 그 또한 혁신이자 무한한 비즈니스 기회임을 알게 된 것이다.

둘째는 〈토이스토리〉를 통해 외부와 협력하는 것이야말로 혁신의 원동력이라는 것을 알았다. 그리고 애플에 복귀해 외부 협력관계를 더욱 넓혀갔다. 예전의 스티브 잡스는 기술에 대한 우월감이 넘친 나머지 1980년대 초 IBM이 PC를 내놓았을 때 "IBM을 환영합니다!"라는 광고를 낼 정도로 기고만장했다. 자신이 개발한 매킨토시에는 마우스나 윈도, 아이콘을 통한 조작 등 당시로서는 획기적인 기술을 선보였다. 그는 이런 기술이 널리 확산되는 것을 막고 애플에만 적용하게끔 고집을 부렸다.

스티브 잡스의 독선과 아집은 운영체제인 MS-DOS를 오픈하면서 공세적 마케팅을 하던 IBM에 무너져버리고 말았다. 좌절은 이것으로 끝나지 않아서 자신이 영입한 존 스컬리John Sculley 회장에게 쫓겨나는 수모까지 겪었다.

하지만 픽사에서의 경험은 폐쇄적이고 독불장군이던 그를 변화시켰다. 복귀한 지 1년 만에 아이맥을 내놓으면서 재기에 성공한 그는 소니, 삼성전자, IBM까지 그토록 적대감을 보이던 기업과 협력관계를 맺으며 혁신적 모습을 보여주었다.

P&G의 CEO였던 래플리A. G. Lafly 회장은 "오늘날 조직 외부에는 내부 구성원의 문제에 대해 답과 해결 방법 그리고 현재 기회를 잘 활용하는 방안을 잘 아는 누군가가 반드시 있다. 그들을 찾아내 생산적

으로 협력할 길을 찾아야 한다."라고 했다. 스티브 잡스는 애플에서 쫓겨난 뒤에야 이를 깨달았다. 그래서 스스로 '애플에서 해고된 것이야말로 인생 최고의 일'이라고 말했다.

한 금광회사가 금광개발이 어려워지자 직원들의 반대를 무릅쓰고 자신들이 보유하고 있던 지질 데이터를 만인에게 공개하면서 거액의 상금까지 내걸고 금맥 찾기 대회를 열었다. 자신들의 핵심 자산이라 할 수 있는 지질 데이터를 공개한다는 것은 스스로 기밀을 누설하는 것과 마찬가지였다. 그러나 대회를 열자 한 컴퓨터 엔지니어가 수십 억 달러에 달하는 금광을 찾아냈다. 대회를 개최한 업체는 그전까지 기껏해야 연간 1억 달러에 불과한 매출을 올렸으나 이후 연 100억 달러에 육박하는 거대한 광산업체로 탈바꿈할 수 있었다.

줄곧 황사가 지독한 사막에서 살던 사람들에게 세상은 그저 누런 색깔과 혼탁한 먼지로 가득한 곳이다. 만약 사막 밖의 세계를 볼 수만 있다면 초록 빛깔 세상과 깨끗한 물이 흐르는 삶의 터전을 발견할 수 있을 것이다.

혁신의 또 다른 말은 개방과 협력이다. 혁신은 내부 프로세스와 조직을 바꾼다고 저절로 이루어지는 게 아니다. 주위를 바라보는 관점도 바꿔야 한다.

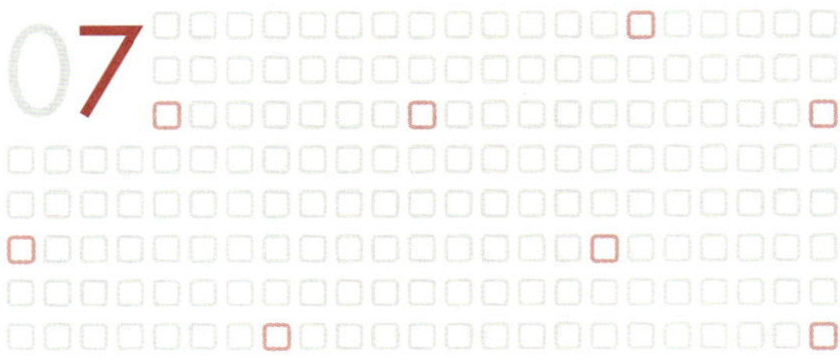

스마트한 카리스마가
성공을 이끈다

21세기의 리더십은 과연 어떤 것일까? 직원들 앞에서 카리스마의 위용을 보여주며 단숨에 휘어잡는 리더십일까, 아니면 최근에 회자되는 봉사하는 마음으로 직원들을 이끄는 서번트 리더십일까?

사실 이 대답을 구분하는 것은 무의미하다. 서번트 리더십이 대세라고 해서 무조건 직원들의 말만 좇아가는 것이 아니다. 결단이 필요할 때에는 과감히 주위의 반대를 무릅쓸 줄 알아야 한다.

스마트폰 경쟁의 본질은 하드웨어가 아니다. 기술적인 우월성보다 고객과 관계를 어떻게 맺느냐가 관건이다. 기존의 휴대전화 업체들은 리더십을 동요하는 조직 내부를 다잡는 데 발휘할 것이 아니라 고객과의 연결에서 발휘해야 한다. 그런데도 하드웨어의 우월성을 강조하는 것은 게임의 룰을 아직도 모르고 있다는 증거이다. 그러니 막대한 돈을 투자해 최첨단 기기를 개발해도 시장에서는 외면당한다.

리더십은 내부를 들여다보는 것이 아니라 외부, 즉 고객에게 시선을 돌리는 것이어야 한다. 이제 기업에서 리더십은 내부 직원들을 '통솔'하는 것이 아니라 고객의 마음을 얻기 위해 조직을 이끄는 것이다. 고객을 염두에 두지 않은 리더십은 아무런 목적 없이 바다를 표류하는 것이나 마찬가지다. 그래서 리더는 스마트해야 한다. 공룡처럼 몸집이 비대한 조직에서 스마트하지 않은 리더가 버티고 있으면 곤란하다.

스마트한 리더는 내부보다 외부를, 직원보다 고객을 먼저 생각한다. 이미 시장 주도권이 고객에게 넘어갔는데 어리석게 내부만 들여다보는 리더십은 도태한다는 징후이다. 스티브 잡스도 과거에 지독하리만치 우월감에 빠졌기 때문에 쓰라린 아픔을 경험했다.

원래 개성이 강했던 스티브 잡스의 카리스마는 독선적인 것으로 유명했다. '다른 사람을 매료시키고 영향을 미치는 능력'이라는 사전적 의미의 카리스마는 스티브 잡스의 것이 아니었다. 애플 초창기에 독불장군처럼 직원들을 닦달하던 그는 거친 광야를 지난 뒤 새로운 카리스마를 갖추게 되었다.

애플에 복귀한 뒤 스티브 잡스는 스마트한 카리스마, 창조의 카리스마를 보여준다. CEO이면서 기계의 열이나 아이콘과 버튼의 위치, 포장박스의 크기와 폰트까지 신경 쓰는 그를 두고 '과장님 마인드'라고 비아냥거릴 수도 있다. 이런 조롱은 사실 나무만 보고 숲을 못 보는 것과 다름없다. 스티브 잡스는 일일이 간섭하며 지시만 내리기보다 개발자들과 하나하나 토론하며 결정한다. 과거와 확 달라진 리더십이다.

개발자가 이의를 제기하고 스티브 잡스가 다시 이의를 제기하며 일하는 과정은 마치 '집단지성Collective Intelligence'의 발현과정을 보는 것 같다. 집단지성의 의미가 '다수가 참여해 서로 협력과 경쟁을 통해 얻게 되는 집단의 지적 능력'이라고 볼 때 스티브 잡스의 스마트한 리더십은 창의의 발현이자 집단지성에 충실한 것이라고 볼 수 있다.

250년에 가까운 역사를 지닌 브리태니커 사전의 방대한 콘텐츠를 단 몇 년 만에 뛰어넘어 정확도가 뛰어나고 10배나 더 많은 정보량을 보여주는 '위키디피아Wikidepia'의 사례는 집단지성의 힘이야말로 뛰어난 한 천재의 능력보다 더 큰 위력을 발휘한다는 것을 생생히 보여주었다.

스티브 잡스는 과거의 독선적 카리스마보다 집단지성과 창조의 카리스마야말로 이 시대가 요구하는 스마트한 리더의 모습임을 잘 알고 있는 듯하다. 그는 무조건 윗사람 말에 동의하며 굽실거리는 직원을 질색한다. 자신이 알고 있는 것에 대해 자신만만한 스티브 잡스는 '예스맨'보다 자기 논리를 반박할 수 있는 직원을 선호한다. 그렇게 서로 갑론을박하는 동안 시대의 아이콘이 될 만한 작품이 탄생한다.

아직도 기업들은 대부분 컨설턴트가 제시하는 요점 나열식 전략기획안을 선호한다. 복잡하고 어려운 전략 수립 과정을 짧고 간결하게 이해할 수 있도록 작성했기 때문이다. 그러나 숫자로 가득 차 있고 요점 위주로 나열된 전략은 아전인수식으로 해석될 수 있고 나중에 논란이 생기면 제안자가 빠져나갈 여지가 많은 방식이다.

사뭇 논리적이고 똑똑한 기획안이지만 이러한 방식은 일반적·원론적인 경우가 많다. 결론을 도출할 때도 이미 주어진 전제 조건에서만 제시되는 일종의 공식에 불과하다. 그러다 보니 각종 변수나 외부 조건에 취약할 수밖에 없다. 때론 기획안에서 사용한 가정에 대한 설명이 부족해 환상에 불과할 수도 있다. 그래서 각종 비전과 장밋빛 미래를 보여주는 수사가 난무하지만 현실에서는 제대로 들어맞지 않아 고전을 면치 못하는 경우가 종종 있다.

똑똑한 스마트 리더는 오히려 이러한 논리적 전략기획안을 선호하지 않는다. 스티브 잡스는 최악의 상황에서도 경영 컨설팅을 받지 않았다. 그보다 자신의 영감과 창의력으로 애플이 나아가야 할 방향을 생각하고 그것을 실행할 수 있는 액션플랜을 짜서 행동으로 옮겼다.

연관사고로 다져진 스티브 잡스와 애플 직원들의 창의성은 경험이 다양하지 못하고 자신의 전문분야에만 매몰되는 한계를 극복해 문제를 해결할 수 있게 해준다. 스티브 잡스는 전문가들이 간혹 해당 문제에 대해 폭넓은 관점을 지니지 못해 일차원적 해결책을 내놓는 경우가 있다며 연관사고를 통한 창의적 아이디어 도출을 강조했다. 스마트한 리더는 모든 것을 다 아는 박학다식한 인물이 아니라 연관사고 능력을 통해 창의성을 이끌어낼 수 있는 인물이다.

독선적이고 지나친 우월감으로 천상천하유아독존天上天下唯我獨尊의 표본이던 그가 스마트한 리더로 변신한 것은 극적이다. 스티브 잡스는 이제 직원들에게 일방적으로 지시하지 않고 함께 고민하며 공유하는 과정을 거쳐 혁신적인 제품을 세상에 내놓고 있다.

"리더십은 부하들이 당신의 명령 때문이 아니라 자발적 의지로 서로 협력해 일하도록 이끄는 능력이다."라고 말한 미국 대통령 아이젠하워도 소통과 공유, 스마트 리더십을 강조했다. 그는 군인 출신이면서도 수직적 명령체계보다 협력과 공유의 스마트 리더십을 내세웠기 때문에 대통령이 될 수 있었다.

결단해야 할 때는 과감하게 하되 동기부여나 의사소통을 원활하게 하면서 구성원에게 비전을 제시할 줄 아는 것이야말로 스마트 리더십의 핵심이다.

잘난 직원을
만들어라

스티브 잡스는 자신을 CEO가 아니라 CLO라고 불러달라고 한다. 최고경영자 직책을 가지고 있지만 그보다 최고경청자Chief Listen Officer 로서 위상을 더 강조하는 것이다. 독불장군의 대명사였던 그가 경청을 강조하다니 의외겠지만 실은 경청과 소통을 통해 애플 혁신을 이끌고 있다.

리더가 이렇게 바뀌니 직원들도 덩달아 신나서 애플의 전설을 만들어낸다. 아무리 뛰어난 천재라도 기업에서는 혼자서 위대한 제품을 만들 수는 없다. 천재 예술가가 혼자서 고뇌하며 작품을 만들어내는 것과는 다르다.

스티브 잡스는 "마치 신이 새로운 것을 창조했듯이 우리는 세상을 바꾸는 새로운 것을 창조할 수 있다."라며 직원들에게 소명 의식과 의지를 북돋우는 리더로 거듭났다. 이러한 리더십은 직원들에게 새로운 기회를 제공한다. 일에 대한 열정을 키우고 몇 년이 걸릴지 아무도 모르는 프로젝트에도 혼신을 다해 매달리게 한다.

스티브 잡스는 "일에 대한 열정이 충분하지 않으면 새로운 것을 만들 수 없다. 누구에게나 열정이 담긴 아이디어와 문제해결 의지가 있어야 한다. 그렇지 않다면 끈기가 없어 일을 끝까지 할 수 없다. 그래서 열정이야말로 창조의 절반이라고 생각한다."라고 말했다. 그러나 열정이 말로만 떠든다고 저절로 생기는 것은 아니다. 스티브 잡스처럼 구성원의 마음을 뒤흔들 수 있는 뭔가를 제시해야 한다.

나폴레옹도 부하들에게 마냥 충성심만 요구하지 않았다. 먼저 그는 창의적인 것이 얼마나 위력을 발휘하는지 보여주었다. 그 당시 전쟁은 적을 포위해 공격하는 것이 일반적이었다. 이런 전쟁방식에서는 숫자가 많을수록 유리했다. 하지만 나폴레옹은 기습공격의 중요성을 내세웠다. 그리고 기동력과 포병 공격의 조합이라는 새로운 전술을 들고 나와 적의 배후나 생각지도 못한 곳을 기습해 전장을 지배했다. 이런 나폴레옹의 창의적 사고는 부하들에게 깊은 인상을 남기며 신뢰를 이끌어냈다.

나폴레옹은 또한 자신의 천재성만 내세우지 않고 부하들을 세심하게 배려했다. 사기를 올리는 데 심혈을 기울이며 부하들이 공을 세울 수 있도록 뒤에서 받쳐주었다. 최고사령관이라는 지위에도 아랑곳하지 않고 일대일 대면을 즐기며 의사소통을 강화한 그는 문제도 직접 논의하며 함께 해결해나갔다. 이러니 부하들은 더 많은 기회를 얻게 되었고 자신의 능력을 입증하기 위해 온힘을 다해 뛰어다녔다.

아랫사람에게 기회를 준다고 해서 리더의 권한이 약화되는 것은 아니다. 특히 기업처럼 규모가 크면 클수록 리더 혼자서 모든 것을 다 할 수 없다. 그렇기 때문에 각각의 부문에서 리더를 대신할 인재가 있어야 한다. 이런 인재 발굴이야말로 직원들에게 기회를 주는 과정이라 할 수 있다.

스티브 잡스가 아이패드 개발 막바지에 투병하기 위해 병가를 낼 수 있었던 것도 과거와 달리 직원들을 믿었기 때문이다. 그리고 직원들은 이 기회를 잘 살려 아이패드의 성공적 출시에 공헌했다.

직원들에게 기회를 주지 않고 혼자만의 재능으로 성공했다는 환상은 자멸로 가는 지름길이다. 유럽의 패권을 장악할 때까지만 해도 리더십을 바탕으로 부하들에게 기회를 주던 나폴레옹은 황제에 오르면서 정반대 모습을 보였다. 부하들에게 기회를 주기는커녕 대화조차 쉽게 할 수 없게 된 나폴레옹은 점차 고립되었다. 그리고 밀실 깊숙한 곳에서 혼자서 내리는 결정은 수시로 바뀌어 그의 군대는 그토록 중요하게 여기던 사기마저 땅에 떨어지고 말았다. 결국 나폴레옹은 황제 자리에서 쫓겨나 유배되는 신세로 전락하고 말았다.

애플은 연이은 성공의 동력 가운데 하나인 평등한 조직 운영을 아직도 유지하고 있다. 스티브 잡스를 제외하곤 직책이나 서열 따위는 그저 형식적인 것에 불과하다. 여전히 프로젝트 중심으로 직원들을 배치하고, 공식절차를 따른답시고 시간을 헛되이 보내는 어리석은 일을 하지 않는다. 업무 협조 건이나 보고를 위한 회의는 비효율의 대명사로 취급받는다.

연매출 500억 달러를 바라보는 기업에서 엔지니어가 경영자를 자유롭게 만나 제품에 대해 논의하는 일이 쉽게 상상되지 않는다. 그러나 애플은 남들의 상상을 뛰어넘어 권위적·관료적 분위기를 혐오하며 수평 관계를 유지하고 있다. 이런 애플을 두고 한 잡지의 편집장은 '스톡홀름 증후군Stockholm Syndrome'에 걸린 것 같다고 묘사했다. 인질이 인질범의 감정에 동화돼 오히려 자신을 구출하려는 경찰에게 적대감을 보인다는 스톡홀름 증후군처럼 애플 직원들은 자신을 혹독하게 대하거나 해고마저도 주저하지 않는 스티브 잡스를 영웅으로 여긴다. 자신들의 내면에 있는 열정을 끌어낼 수 있는 기회를 제공하고 성과를 분명히 인정하기 때문에 무자비한 보스가 아니라 공과를 뚜렷이 구별하는 리더로 받아들이고 있다.

스티브 잡스는 자신이 제공한 기회를 잘 살려 큰 성과를 올린 직원들에게 보상하는 것은 물론 추가로 동기를 부여하는 것도 잊지 않았다. 그는 기회를 잘 살린 직원들을 위해 근사한 턱시도 파티를 열어주며 치하했다. 그러나 CEO가 선심 쓰듯 열어주는 파티만으로는 직원들에게 깊은 감동을 주지 못한다. 스티브 잡스도 이를 잘 알았다. 그는 직원들의 열정을 계속 불러일으키고 또다시 기회를 잘 살리라는 의미에서 파티보다 더 놀랄 만한 이벤트를 열었다. 예술가들이 자신의 작품에 서명하는 것처럼 매킨토시를 완성했을 때 팀원 개개인의 이름이 적혀 있는 것을 나눠주었고, 아이팟과 아이폰도 정직원 모두에게 나눠주며 기회를 살려내 만든 창조물을 공유했다.

역사는 승자의 기록이라는 말이 있다. 승리한 자의 관점에서 기록되기 때문에 패한 자에 대한 평가는 가혹하다. 그러나 『삼국지』의 인물 중에서 결과로 본다면 패배한 인물인 유비가 아직까지 위대한 인물로 기록되는 이유는 뭘까? 그는 무공이 뛰어난 것도 아니었고 머리가 비상한 인물도 아니었다. 그럼에도 수많은 영웅호걸이 그의 휘하에 몰려들었다.

유비는 자신이 뛰어나다는 것을 한 번도 내세우지 않았다. 능력이 뛰어난 부하들의 가치를 알아보았고 그 능력을 마음껏 펼칠 수 있는 기회를 줬다. 이게 바로 그가 조조보다 더 위대한 인물로 역사에 기록된 배경이다.

Part 06

스마트 워크 플레이스의 덴트 리더들

젊은 시절의 스티브 잡스를 보면 자신의 능력을 과대선전하고 오만과 독선의 상징처럼 인식되었다. 그러나 잡스의 행동을 면밀히 보면 우수한 인재를 발굴하여 자신의 비즈니스 센스를 접목한 뒤 우주의 흔적이 될 만한 제품을 만들어내는 것을 알 수 있다.

그는 한 텔레비전 방송에서 "경영기법에 모델이 되는 사람이 있느냐"라는 질문에 이렇게 대답했다. "나의 비즈니스 모델은 비틀스이다. 비틀스의 멤버 4명은 각자 문제를 안고 있으면서 서로 억제한다. 그들은 그렇게 균형을 맞추었다. 그리고 모두가 하나 됨으로써 개개인의 활동을 합친 것보다 더 큰 힘을 발휘했다. 이것이 내가 생각하는 비즈니스의 올바른 모습이다. 비즈니스의 위업은 혼자서 이룰 수 없다. 그것은 팀을 이루어야 가능한 일이다."

사람들은 대개 뛰어난 천재를 보고 고독한 존재라고 한다. 수많은 위인전을 봐도 혼자서 고뇌하는 모습에서 비범함을 엿볼 수 있다. 특히 중요한 시기에 탁상공론의 소란스러움을 뒤로하고 혼자 결단해야 하는 모습은 가혹하게 여겨진다. 그런데 정말 뛰어난 영웅이나 리더들은 늘 혼자였을까?

뛰어난 리더 곁에는 항상 동전의 양면처럼 붙어 있는 조력자들이 있었다. 그들은 리더의 뜻에 가장 많이 동조하는 파트너이자 때로는 냉철한 비판도 아끼지 않은 사람들이었다. 유비가 제갈공명을 만난 것이나 빌 게이츠 곁에 스티브 발머가 존재했던 것처럼 말이다.

천재가 왕따를 의미하는 것은 아니다. 천재는 든든한 조력자와 동조하는 수많은 분신과 함께 그동안 꿈꾸었던 목표를 달성한다. 스티브 잡스가 천재성을 유감없이 발휘할 수 있는 것도 스마트 리더들의 맹활약 덕분이다.

애플에는 우주에 흔적을 남기기 위해 일하는 덴트 리더들이 많이 있다. 운영책임자COO 팀 쿡, 디자인 책임자CDO 조나단 아이브, 마케팅 책임자CMO 론 존슨이 바로 그들이다.

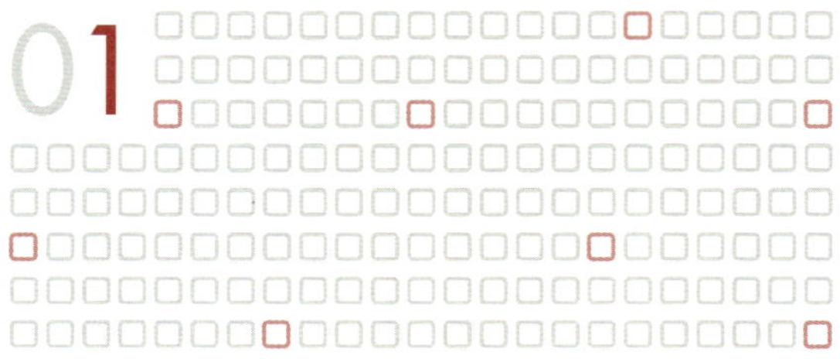

뛰어난 전사 아킬레우스,
조나단 아이브

사람들은 애플이라고 하면 간결하면서도 아름다운 디자인을 떠올린다 그러나 더 놀라워하는 것은 디자인의 기능성이다. 단지 눈에 보이기에 예쁜 것이 아니라 제품 조작이나 기능 구현에 최적화된 디자인이면서도 미적 가치를 지닌 것이 애플 제품이다.

애플의 유명한 디자인에는 스티브 잡스의 철학이 반영되어 있다. "디자인은 제품의 작동방식이다."라고 규정한 그는 제품의 외부 모양이나 색상만 따지지 않는다. 그에게 디자인은 제품의 콘셉트를 표현하는 또 하나의 기능이다. 사용자들이 애플 제품을 쉽게 사용할 수 있도록 설계과정에서부터 디자인 요소를 반영한다.

2000년대에 들어서면서 많은 기업이 디자인의 전략적 중요성을 강조하고 있다. 그렇지만 스티브 잡스는 오래전부터 디자인을 기능적 요소와 결합해 생각했다. 1996년 한 인터뷰에서 "디자인을 외관이라고 생각하는 사람도 있지만 조금만 더 깊이 생각해보면 사실 작동방식을 의미한다는 것을 알게 된다."라며 뭔가를 진정으로 디자인하려면 그것을 완벽하게 이해할 수 있어야 한다고 주장했다. 그러면서 이렇게 말했다. "무엇인가를 철저하게 이해하는 데는 열정적 헌신이 필요하다. 그러나 사람들은 대부분 그런 일에 시간을 투자하지 않는다."

스티브 잡스는 자신의 디자인 철학을 곧바로 애플 제품에 반영했다. 특히 디자인의 일관성을 강조해 애플 제품 가운데 무엇을 보더라도 애플이 만들어냈음을 알 수 있게 했다. 그의 디자인 철학 덕분에 애플 디자인은 21세기 디지털 기기의 아이콘이 됐다.

포장 디자인에도 그의 독특한 디자인 철학이 여지없이 표현됐다. 포장을 단지 제품을 보호하기 위해서 하는 것이 아니라 포장 자체를 제품의 일부로 여겨 공을 들였다. 고객은 애플 제품을 포장된 상태로 처음 접하므로 포장지를 뜯는 순간 제품의 조립이나 작동 방법에 대해 감을 잡을 수 있게 했다.

아이맥의 경우 액세서리와 키보드, 매뉴얼이 담긴 스티로폼은 제품 보호에 충실하면서도 박스에서 꺼내기 편리하게 되어 있다. 스티로폼 조각을 꺼내면 아이맥 손잡이가 보인다. 이렇게 제품을 쉽게 꺼낼 수 있으니 포장에서 스티로폼을 꺼내기 위해 땀을 흘리거나 스티로폼 조각 때문에 방 안을 난장판으로 만들지 않아도 된다. 그리고 케이블은 들어 있는 순서대로 설치하면 된다.

이렇게 포장 박스부터 애플은 차별성을 극대화했다. 애플의 디자이너들은 이 단순한 포장구조를 갖추기 위해 박스 설계도를 몇 번이나 그렸다 지웠다 한다. 이 모든 디자인 작업에는 디지털 시장의 트로이를 정복하려는 스티브 잡스의 뛰어난 전사, 조나단 아이브^{Jonathan Paul Ive}가 있다.

영국에서 태어난 조나단 아이브는 원래 자동차 디자이너를 꿈꿨다. 그렇지만 우연히 접하게 된 매킨토시의 아름다운 디자인과 아이콘에 반해 애플 마니아가 됐다. 대학을 졸업한 그는 런던에서 디자인 회사를 공동 설립해 머리빗이나 변기 같은 다양한 제품을 디자인하며 지냈다. 그러다가 1992년 애플에서 제안이 들어왔다. 애플의 초창기 노트북 디자인과 관련해 콘셉트를 제출해달라는 제안이었다.

조나단이 제출한 아이디어는 애플에서도 만족스러워해서 그는 애플 디자이너로 채용돼 미국으로 건너간다. 그러나 그가 들어간 애플에는 스티브 잡스가 없었다. 애플에서 축출당한 왕은 잠시 유배생활을 하다 자신만의 새 왕국을 건설하고 있었고, 영국에서 건너온 젊은 디자이너 전사는 기껏 자신을 불러놓고 디자인에 무관심한 지도부 때문에 고개를 흔들어야 했다. 결국 그는 모든 디자인을 혼자서 하는 지경에까지 이르렀다.

그러나 아킬레우스가 전쟁에 휘말리지 않으려고 여장한 채 공주의 시종이 되어 숨었지만 오디세우스에게 들켜 전쟁터로 나가 영웅이 된 것처럼 조나단에게도 자신을 드러낼 때가 다가오고 있었다. 애플에서 있으나마나 한 존재가 되어가던 조나단은 전설의 귀환으로 빛을 볼 수 있었다.

1997년 애플로 복귀한 스티브 잡스는 디자인의 중요성을 내세우며 애플의 아킬레우스인 조나단에게 새로운 디자인을 요구했다. 조나단은 마치 아킬레우스가 첫 전쟁에서 영웅의 면모를 보인 것처럼 잡스에게 그동안 가려져 있던 재능을 보여주었다. 귀환한 전설 스티브 잡스는 조나단의 능력에 만족해하며 그를 디자인 책임자로 임명하고 팀을 만들어줬다. 이때 조나단의 나이는 24세에 불과했다.

조나단과 그의 팀원들은 아킬레우스와 그의 부하들처럼 종횡무진 활약했다. 전장에서 관습이나 서열 따위는 거추장스럽다는 듯 그들은 오로지 디자인에만 몰입했다. 그들은 칼과 방패 대신 소재와 재료 과학에 열중하며 디자인을 했다. 그 유명한 투명한 아이맥은 디자이너들이 대량 생산의 착색 공정을 배워가며 만들어낸 히트작이었다. 일명 '누드 아이맥'으로 조나단은 애플의 훌륭한 디자이너에서 전 세계적으로 인정받는 디자이너가 됐다.

전설이 시작되었고 애플의 아이맥은 모니터와 마우스, 키보드까지 제품의 예술화를 이뤘다. 그리고 아이팟의 등장은 디자인 하나로 MP3플레이어 시장을 평정했다는 평가마저 나올 정도로 토네이도급 충격을 몰고 왔다. 조나단은 아이팟의 성공으로 30대에 애플의 최고 디자인 책임자CDO, Chief Design Officer가 됐다.

조나단과 그의 팀원이 스티브 잡스의 디자인 철학에 공감하며 연이은 히트작을 내놓자 시장에서는 애플의 핵심 경쟁력 가운데 하나로 디자인을 인정하게 되었다. 애플은 협력과 상생 관계를 통해 핵심 부품도 외부에서 조달하지만 디자인은 외주를 주지 않고 철저히 자체적으로 담당한다. 그 이유는 조나단을 비롯한 디자이너들이 탁월한 능력을 보유해서가 아니라 제품 개발과 디자인의 관계 때문이다.

조나단을 비롯한 디자이너들은 애플의 모든 프로젝트에서 설계 초반에 결합한다. 그리고 개발 단계마다 엔지니어와 함께 디자인을 고민한다. 스티브 잡스와 엔지니어 그리고 소프트웨어 개발자까지 모인 프로젝트에서 함께 머리를 맞대는 것이야말로 애플 디자인의 경쟁력이다. 그래서 외주를 주려고 해도 줄 수 없다.

조나단은 개발자들과 함께 생각한 디자인 콘셉트를 3D 모델로 만들어 검토하고 이것을 바탕으로 실제 샘플도 만든다. 이때 샘플은 단순하게 시각적 디자인 요소를 검토하기 위해 만드는 것이 아니다. 여러 모델로 만든 샘플로 외양과 더불어 내부까지 테스트한다. 아무리 보기 좋은 떡이라도 상했다면 먹을 수 없는 것처럼 제품 품질도 고려해서 디자인해야 하기 때문이다. 이렇게 만들어진 샘플을 바탕으로 엔지니어들은 케이스 내부 환경과 온도 등 갖가지 요소를 고려해 부품 설계에 반영한다.

누가 개발자이고 누가 디자이너인지 헷갈릴 정도로 제품 개발 단계에서 애플의 디자이너들은 "자신의 능력 중에서 10%는 아이디어를 내고 디자인하는 데 쓰고, 나머지 90%는 아이디어가 어떻게 구현될 수 있는지 돕는 일에 사용한다."라고 할 정도로 수준 높은 협력관계를 유지하고 있다. 이렇게 해서 나온 애플의 디자인은 '아름답고, 단순하고, 조작하기 쉬운' 애플의 독특한 매력을 뽐내는 작품으로 승화된다.

아킬레우스는 전장에서 오로지 승리하기 위해 칼을 휘두르며 싸웠다. 정치적인 파벌 싸움이나 복잡한 이해관계에 휘말리지 않는 '전사'였다. 그리고 교착 상태에 빠진 전장에서 트로이의 영웅 헥토르를 무찔러 난공불락의 트로이 성 함락에 실마리를 제공했다. 30대의 영국 청년 조나단은 애플의 암흑기를 감내하면서 아이팟을 디자인해 회생 계기를 제공해주었다.

조나단은 왜 애플이 스마트 기업smart work place인지를 명확하게 보여준 스마트 피플이자 리더이다. 애플의 아름다운 제품은 스마트 일터에서 그가 창의성을 발휘한 결과이다. 이렇게 그는 영웅이었지만 전면에 등장하지 않고 모든 공을 스티브 잡스와 애플에게 돌렸다. 그러나 사람들은 안다. 애플의 전설이 스티브 잡스만의 것이 아님을.

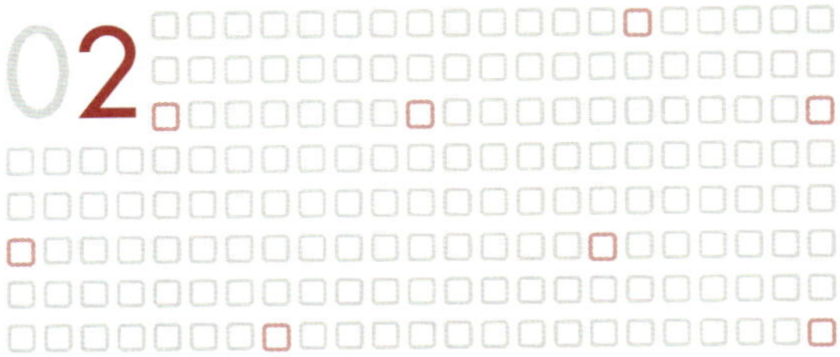

열정을 다하는
초원의 전사, 팀 쿡

애플의 승승장구를 지켜보는 사람들은 대부분 스티브 잡스의 탁월한 능력과 카리스마에 주목한다. 즉 스티브 잡스가 없다면 1990년대 중반처럼 애플에 암흑기가 도래할 것이라는 말이다.

그런데 2008년 여름 한동안 언론과 인터넷 공간에서 난리가 난 적이 있다. 스티브 잡스가 눈에 띄게 수척한 모습으로 공개되자 애플 주가는 순식간에 15% 가까이 떨어지고 애플의 불안한 미래에 대해 너도나도 수군대기 시작했다. 진시황이 죽자 그의 제국이 사라진 것처럼 아무리 잘나가는 애플이라도 스티브 잡스가 없는 애플은 상상할 수 없었다.

2009년 1월 스티브 잡스는 오랜 격무에 시달리느라 체력이 약해지고 병세가 악화돼 더는 업무를 할 수 없는 지경에 이르자 6개월 동안 휴직하겠다고 선언했다. 2004년에도 췌장암 수술을 하느라 두 달여 가까이 자리를 비운 적이 있지만 디지털 업계에서 6개월이란 그리 만만하게 볼 수 없는 기간이다. 주변에서 애플을 바라보는 시선은 비관적이었다. 췌장암 수술 전력이 있는 스티브 잡스가 또다시 중병을 앓고 있다니 최악의 결과마저 예상하는 이가 있을 정도였다.

하지만 2004년에도 그랬듯이 2009년 1월에도 스티브 잡스는 자신의 공백기를 메울 훌륭한 스마트 리더를 믿고 회사를 떠날 수 있었다. 2004년 그의 공백기에 임시로 CEO를 맡은 팀 쿡Tim Cook은 스티브 잡스의 공백을 메우고도 남을 만한 인재였다.

팀은 애플의 혁신 사업 중 가장 중요한 생산과 물류 시스템을 획기적으로 고안해낸 마법사였다. 팀 덕분에 스티브 잡스는 골치 아픈 생산과 물류 문제에서 벗어나 개발에 전념할 수 있었다.

IBM의 PC 부문과 컴팩에서 생산 부문 부사장을 맡고 있다가 스티브 잡스에게 스카우트된 그에게 스티브 잡스와의 만남은 티핑 포인트 같았다. 그가 컴팩을 나온 뒤 컴팩은 HP와 합병되었기 때문에 그 소용돌이에서 살아남을 수 있다는 보장이 없었다.

스티브 잡스가 팀을 데리고 온 이유는 자신이 애플에 복귀해보니 창고에 70일치가 넘는 재고가 쌓여 있었기 때문이다. 재고가 쌓인다는 것은 경영지수가 그만큼 나쁘다는 증거였다. 스티브 잡스로서는 애플의 기사회생을 노릴 수 있는 제품개발도 중요하지만 불필요한 생산라인과 재고를 관리하지 않으면 악화된 수익성을 개선할 수 없다고 판단했다.

스티브 잡스는 컴팩에서 바로 이런 업무를 총괄하던 팀을 데리고 와 대대적인 수술을 의뢰했다. 팀이 애플에 와서 현장을 살펴보니 이만저만 엉망이 아니었다. 부품을 제공하는 업체만 해도 100개가 넘었고 물류 시스템도 도저히 디지털 기업이라 할 수 없을 만큼 주먹구구식이었다.

팀은 부품 업체의 공급망부터 손을 댔다. 부품을 대부분 아일랜드와 중국, 싱가포르에서 공급하게 하고 업체 수도 20여 개로 대폭 줄였다. 생산 공장은 중국으로 일원화해 효율성을 기했다. 특히 부품 공급 업체의 지리적 위치도 신경 써서 공급 기간을 단축하고 부품이 공장으로 오면 곧바로 제조할 수 있도록 만전을 기했다. 스티브 잡스로서는 가장 골치 아픈 문제를 해결할 구원투수를 얻은 격이었다. 이렇게 대대적으로 정비해 애플은 70일치 재고 물량을 2년 만에 10일 이하로 줄일 수 있게 됐다.

팀은 공장을 목장으로 비유하면서 우유의 신선도와 유효기간처럼 애플의 생산과 물류 관리를 바라보았다. 우유의 신선도가 떨어지거나 유효기간이 지나면 제대로 팔릴 리가 만무하다. 공장도 재고가 70일치나 쌓이면 제품 관리도 비효율적이고 경영에도 심각한 압박을 주게 된다. 이런 폐단을 수습한 팀은 월 단위 재고 관리를 일 단위로 바꿨다.

팀의 성공적 혁신은 외부에서도 좋은 평가를 받았다. 노키아에 이어 세계에서 두 번째로 물류 관리와 활용 능력을 평가받은 것이다. 스티브 잡스는 자신이 할 수 없는 능력을 지닌 팀을 만난 것으로 이미 팀워크 효과를 크게 볼 수 있었다.

이렇게 생산과 물류를 관리하는 팀을 사무실에 가만히 앉아 컴퓨터의 숫자와 씨름하는 샌님으로 보면 오산이다. 그는 열정이 충만한 초원의 전사이자 스마트 리더다. 그가 엉망진창이던 애플의 생산과 물류 환경을 개선하고자 회의를 할 때였다. 아시아 지역에 부품 공급 생산 라인을 새롭게 구축해야 하는데 일이 쉽게 진행되지 않아 골치가 아프던 그는 회의에 참석한 사람들에게 누군가 중국에 가야 한다고 고민을 토로했다.

그렇게 회의는 문제를 해결하기 위해 진지한 분위기에서 계속 진행되었는데 갑자기 팀이 한 임원을 보고 "아니, 당신이 왜 아직까지 여기에 있는 거지?"라고 말했다.

엉겁결에 팀의 재촉을 받은 그 임원은 바로 자리에서 일어나 집에도 들르지 않고 공항으로 향해 중국으로 가는 비행기에 탑승했다. 돌아올 왕복 티켓도 없이 그렇게 중국으로 간 임원은 애플의 생산라인 구축을 현장에서 지휘했다.

팀 스스로도 유목민이면서 동시에 초원의 전사였기에 절차나 형식에 구애받지 않고 자유롭게 비즈니스 세계를 돌아다녔다. 그래서 그와 함께 일하는 이들도 중국에 가라면 그저 자유롭게 즉흥 여행을 떠나듯 가서 초원 생활을 해야만 했다.

2005년 COO Chief Operating Officer로 최고 업무 책임자가 된 팀은 이제 생산과 물류 말고도 전 세계 수많은 통신사와 협상 및 판매를 책임지고 있다. 글로벌 유목민답게 그의 근무시간은 정해져 있지 않다. 회장

님이 주무시는 시간에 전화했다가 불경스러운 짓이라고 타박하는 분위기와는 너무 다르게 24시간 내내 전 세계에서 걸려온 전화를 받는다. 넓은 초원을 돌아다니는 유목민처럼 창의와 자율의 스마트 일터에서 낮과 밤에 구애받지 않고 생활하는 스마트 리더이다.

초원의 전사이자 유목민은 거친 광야에서 살아남기 위해 지혜를 발휘해야 한다. 2005년에 개발한 아이팟 나노는 1기가의 플래시 메모리를 탑재했다. 이 메모리를 생산하던 업체는 당시 한국의 삼성전자와 하이닉스 두 업체뿐이었다. 팀은 앞으로 소형 디지털 기기에도 대용량 시대가 열릴 것이라고 판단했다. 일단 기선을 제압하는 데는 성공했지만 주도권을 유지하기 위해서는 플래시 메모리 공급을 안정적으로 확보하는 것이 관건이었다.

팀은 삼성전자와 하이닉스에게 12억 5,000만 달러를 선불로 지급하고 플래시 메모리 공급계약을 맺었다. 계약기간도 2010년까지로 장기 계약을 추진했다. 이로써 애플은 상당 기간 플래시 메모리를 안정적으로 공급받고 구매 가격 또한 낮출 수 있었다.

현대 기업의 경영은 너무 복잡해서 톱니바퀴처럼 맞물려 돌아가지 않고 한 부문이라도 어긋나면 순식간에 무너져버릴 수 있다. 팀은 이렇게 복잡한 경영관리를 원활하게 수행했을 뿐만 아니라 현장위주, 글로벌 관리, 열정, 창의성이라는 요소를 잘 버무려냈다. 이는 전쟁 수행과 병참관리를 혁신적으로 해낸 프로이센의 헬무트 폰 몰트케 Helmuth Karl Bernhard von Moltke 장군을 떠올리게 한다.

근대에 접어들면서 전쟁 양상은 매우 복잡해졌다. 과거 성능이 그

마켓3.0 시대의 스마트 비즈니스 전략

다지 좋지 않던 총과 대포가 산업기술이 발달함에 따라 비약적으로 업그레이드됐고 수송수단도 발달했다. 하지만 전투방식은 군대가 여전히 대형을 이뤄 앞으로 돌격하는 방식에서 크게 벗어나지 못했다. 기껏해야 말을 타고 달리는 기병대 활약에 따라 승부가 결정 나는 방식이었다.

그러나 기술이 발달하고 기능이 세분됨에 따라 군대도 변해야 했다. 이때 유럽에서 주도권을 두고 각축전을 벌이던 프로이센의 몰트케 장군은 "전쟁에서 위대한 승리는 위대한 위험 없이는 얻을 수 없다."라고 강변하며 대대적 혁신을 주도했다. 이제 알렉산드로스 대왕이나 한니발 같은 영웅 한 사람만으로는 전쟁을 치를 수 없기에 전체적인 관리 시스템을 세밀하게 담당할 전문적 참모조직을 만들었다. 그리고 산업기술의 적극 활용과 전략전술의 변화 등을 시도하며 프로이센 군대를 유럽 최강 군대로 만들어냈다. 이후 모든 유럽 국가가 프로이센을 따라 참모조직을 만들어 복잡한 전쟁계획을 수립하고 관리했다.

팀도 지지부진하던 애플의 혁신과 경영관리에서 상당한 모험을 시도했고 기어이 성공시켰다. 이 성공은 이제 여러 기업과 조직이 롤 모델로 받아들이고 있다. 많은 기업이 통제 위주의 관리가 아니라 열정과 창의를 바탕으로 현장 위주로 경영관리를 했을 때 비로소 살아남을 수 있다는 지혜를 배우려고 안간힘을 쓰고 있다.

팀은 정착은 곧 정체라는 것뿐 아니라 유목생활이야말로 21세기 비즈니스의 유일한 탈출구라는 것을 잘 알고 있다. 한곳에만 머물면 그곳의 풀은 더 자라지 못해 가축에게 먹일 식량을 확보할 수 없다. 부실한 식량을 소에게 먹여본들 좋은 우유가 나오기 힘들다. 그래서 끊임없이 초원을 돌아다니며 새로운 식량을 확보해야 하는 유목민처럼 팀은 애플의 과거와 현재의 이동경로를 예의주시하고 있다.

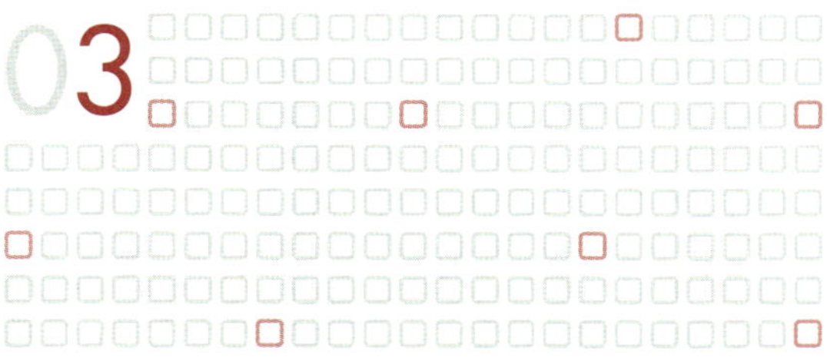

NO!라고 말할 수 있는 책사,
론 존슨

새롭고 혁신적인 제품을 만드는 일을 천성적으로 좋아하고 사람들이 경탄할 만한 제품을 만들어내는 스티브 잡스도 경영 쪽 일은 아주 골치 아프게 여겼다. 픽사에서 성공함으로써 어느 정도 자신감을 회복했지만 여전히 그의 주종목은 경영보다 혁신적 제품의 개발과 프레젠테이션이었다.

애플이 아이팟으로 어느 정도 재기에 성공했으나 디지털 허브를 지향하는 스티브 잡스는 여전히 배가 고팠다. 또 유통업체와 관계도 썩 마음에 들지 않았다. 그는 고객과 직접 소통을 원했지만 유통업체의 전략에 따라 애플 제품이 취급되기 때문에 소통은커녕 고객 노출마저도 만족스럽지 못했다.

스티브 잡스는 고객이 애플 제품을 구매하는 과정에서도 최고 경험을 할 수 있게 해주고 싶었다. 그러나 유통업체나 소매점에서 매장에 충분히 투자하려 하지 않았기 때문에 다른 방식을 고민하지 않을 수 없었다.

물론 스티브 잡스가 이런 생각을 하기 전에도 디지털 업체의 전문 매장은 존재했다. 하지만 매장은 대부분 고객에게 좋은 경험을 제공하기보다 판매에 급급한 시스템이었다. 스티브 잡스는 매장이야말로 고객과 처음 만나는 공간이기 때문에 어떻게든 변화를 시도해야 한다고 생각했지만 애플 내부에는 마땅한 적임자가 없었다.

이때 스티브 잡스의 시선에 들어온 인물이 론 존슨^{Ron Johnson}이다. 할인점이던 타깃^{Target}을 고급 유통업체로 탈바꿈시킨 론은 스티브 잡스가 생각하는 애플만을 위한 매장 만들기에 가장 적합한 소매 유통의 혁신가였다. 론은 타깃에서 유명 디자이너들을 불러 모아 디자인을 맡겨 판매하게 했다. 그 덕분에 타깃은 할인점 이미지보다 디자인을 선도하는 고급 이미지를 얻을 수 있었다.

론이 애플에 영입되는 과정부터 그는 비밀병기이자 히든카드였다. 경쟁사에서 애플의 소매 사업을 눈치 채지 못하게 영입 사실 자체를 극비에 부쳤고, 이름과 직책도 모두 가짜였다. 이렇게 시작된 애플의 새로운 소매 사업 혁신은 모든 것을 고객에게 맞춰 진행했다. 스티브 잡스와 론은 애플의 소매점이 '고객의 삶을 풍요롭게' 만드는 공간이 되기를 바랐다. 그래서 '고객 경험을 중심으로 매장을 디자인하는 것'과 '제품 수명이 다할 때까지 고객 경험을 소중히 하는 것'을 목표로 잡고 매장 콘셉트를 만들었다.

애플의 새로운 매장 콘셉트는 진열품으로 가득 차 있던 다른 소매점들과 달랐다. 그때까지 매장에서 고객은 대개 진열된 상품을 눈으로만 볼 뿐 제대로 만져보지도 못한 채 영업사원에게 시달려야 했다. 영업사원의 집요한 설득에 심리적으로 부담을 느끼고 지친 나머지 고개를 설레설레 흔들며 나가야 했던 것이다.

좋은 경험은 둘째 치고 브랜드에 대한 불쾌한 감정만 가득 안고 떠나는 고객을 돌려 세우기 위해 스티브 잡스는 잡다하게 진열하는 매장을 거부하고 고객이 직접 제품을 체험할 수 있는 공간으로 만들어야겠다고 결심했다.

스티브 잡스와 론은 고객이 소프트웨어를 사용해보고 기기도 직접 조작할 수 있는 오프라인 매장을 '애플 스토어Apple Store'라 이름 짓고 20여 개에 가까운 매장 모델을 만들었다. 제품을 디자인하듯 매장 전체를 꾸며본 론은 몇 달 동안 노력한 끝에 최종 매장 모델을 완성했다. 이제 매장 구축을 본격적으로 실행하는 일만 남았다.

스티브 잡스는 론이 몇 개월 동안 공들인 애플 스토어의 공식 오픈만 목 빠지게 기다렸다. 자신의 꿈이, 고객과 직접 소통한다는 소망이 실현되는 순간이었다. 그러나 실행을 눈앞에 두고 갑자기 찾아온 론에게 그는 크게 실망감했다.

론은 애플 스토어 구축 막바지 단계에서 뭔가 허전함을 느꼈다. 애플이 지향하는 것이 무엇인가? 정보와 음악, 동영상, 이미지가 한데 어우러질 수 있는 디지털 허브이지 않은가? 이런 애플의 미래지향적 디지털 허브가 구현돼야 하는데 지금까지 만들어본 애플 스토어의 모델은 다소 부족했다. 또 모델로 만든 애플 스토어는 제품이 종류별로 놓여 있었다. 이는 회사 내부의 제품 분류 기준에 따라 진열해놓은 것이다. 실제로 고객이 사고 싶어 하는 물건을 구성해놓은 것이 아니었다.

론은 고민 끝에 스티브 잡스를 찾아가 여태껏 만들어놓은 모델을 폐기하고 다시 새롭게 만들자고 제안했다. 스티브 잡스는 불같이 화냈다. 지금은 제품을 개발하는 단계처럼 중간 과정이 아니라 결말 단계인데 이제 와서 다시 하자니 말이 되냐며 론을 추궁했다. 그러나 론은 이대로는 애플 스토어를 열지 못한다는 주장을 고수했다. 애플의 절대자인 스티브 잡스에게 'NO!'라고 외친 것이다.

그의 완강한 주장과 설득에 스티브 잡스도 결국 새롭게 디자인하는 데 동의하고 다시 몇 개월을 쏟아 부었다. 론은 지나간 일은 빨리 잊고 처음부터 다시 애플 스토어를 설계했다.

그렇게 해서 2001년 5월 드디어 첫 애플 스토어가 문을 열었다. 하지만 시장과 언론의 반응은 싸늘했다. 지금껏 볼 수 없었던 디지털 기기 소매점에 냉소적인 반응만 보였다. 「비즈니스 위크」는 "미안하지만 스티브, 스토어가 안 되는 이유가 여기에 있지."라는 조롱조 기사 제목을 달기도 했다.

스티브 잡스와 론은 주변의 비난과 조롱에도 아랑곳하지 않고 애플 스토어를 개설해나갔다. 그들에게는 언론이나 전문가보다 고객의 반응이 더 중요했다. 그리고 그들의 예상은 맞아떨어졌다. 지금 전 세계에 있는 애플 스토어는 300여 개에 달한다. 뉴욕 맨해튼과 일본 도쿄의 애플 스토어는 관광명소가 됐다.

애플 스토어는 디지털 허브의 상징이자 애플과 스티브 잡스가 추구하는 고객 가치 만족의 공간이다. 특히 론은 소매점을 개장했을 때 고객에게 물었다. 고객 개개인이 지금까지 살면서 받았던 최고 서비스가 무엇이냐고 말이다. 그랬더니 대부분 호텔에서 받은 서비스를 꼽았다.

디지털 전문 매장을 이야기하는데 호텔 이야기가 튀어나오니 황당했다. 그러나 가만히 생각해보면 고객의 경험을 중시한다는 애플의 철학과 가장 맞아떨어지는 답변이었다. 최고급 호텔인 포시즌 호텔의 바Bar 서비스같이 고객이 편안하게 대화를 나눌 수만 있다면 가장 고객 친화적 공간이 될 것 같았다.

그동안 디지털 제품 매장이라면 제품을 팔거나 수리만 하는 곳이었다. 그곳에서 고객은 친절한 서비스를 기대하기가 어려웠다. 직원도 제대로 서비스하기보다 제품을 하나라도 더 팔아 판매수당을 올리는 데만 관심이 있었다. 론은 애플 스토어 안에 바를 만들기로 결심했다. 단, 술 대신 고객에게 조언을 해주는 곳으로 말이다.

스티브 잡스는 론이 바를 만들겠다고 이야기하자 내심 못마땅해했다고 한다. 지금까지 그가 생각지도 못한 제안이었기 때문에 선뜻 동의하기가 어려웠던 것이다. 하지만 스티브 잡스 본인이야말로 남들이 생각하는 범위를 초월하는 상상력을 발휘하며 살아온 스마트 리더의 원조 격인 인물이었다. 론이 강력하게 바를 만들겠다고 밀어

붙이자 스티브 잡스도 끝내 동의했다. 이렇게 해서 탄생한 것이 '지니어스 바Genius Bar'이다.

지니어스 바를 설치한 애플 스토어는 형태와 서비스 말고도 혁신적 시스템을 구축했다. 그때까지 보통 가전제품 매장에서 실시해오던 직원들의 판매수당을 없애버리고 오로지 서비스에만 충실하게끔 정책을 바꾼 것이다. 이렇게 해서 직원들은 판매에 혈안이 되지 않고 고객 서비스에만 집중할 수 있었다.

고객은 애플 스토어에 가면 '지니'라고 부르는 직원들을 만날 수 있다. 그러나 여기에서 근무한다는 이유만으로 지니의 호칭을 얻을 수 있는 것은 아니다. 지니어스Genius의 줄임말인 지니는 애플 본사에서 공식 교육을 수료해야만 얻을 수 있는 칭호이다. 이 지니들은 고객이 어떤 질문을 해도 다 대답할 수 있으며, 고객은 지니와 얼굴을 맞대고 문제를 해결하거나 고장 수리를 받는다.

서비스를 잘하는 직원들은 평가를 거쳐 '맥 지니어스Mac Genius'로 승진하거나 고객을 대상으로 애플 제품을 활용하는 법을 교육하는 프레젠터가 된다. 말로만 고객중심이 아니라 고객중심을 제대로 실천해야만 더 나은 보상을 받을 수 있는 시스템을 정착한 것이다. 이는 물질적 보상보다 더 큰 자부심과 명예를 가져다주어 직원들에게 상당한 동기부여가 됐다.

애플 스토어는 이제 애플 제품처럼 21세기 디지털 매장의 아이콘이 됐다. 소니의 '소니 스타일Sony Style'이나 삼성의 '삼성디지털' 등 수많은 디지털 매장이 애플 스토어를 벤치마킹하고 있다.

애플 스토어 성공에는 이처럼 론의 뚝심이 크게 작용했다. 애플 스토어 모델을 전면 폐기하고 다시 만들자고 했을 때나 지니어스 바 설치를 제안했을 때 스티브 잡스가 반대하자 그는 'NO'라고 말했다. 고객 친화적인 애플의 비전에 가장 걸맞은 콘셉트와 정책이라는 판단은 그가 과감히 NO를 외칠 수 있는 배경이 되었다.

실제로 뛰어난 리더일수록 가장 가까이에 NO라고 말할 수 있는 참모가 있다. 미국 대통령 루스벨트Franklin Delano Roosevelt는 소아마비와 정적과 싸우느라 지칠 대로 지쳐 있었다. 그러나 그의 곁에는 루이 하우Louis Howe라는 걸출한 참모가 있었다. 그는 평소에 "참모의 YES는 먹기 좋은 독약이다."라고 했다. 그래서 "참모의 NO는 보스의 자만심을 무너뜨리고 태만하지 못하게 하며 생각의 폭을 넓히는 원동력이 된다."라며 당대 최고 정치인이던 루스벨트에게 NO를 과감하게 외친 인물이다. 오죽하면 그의 별명이 '미스터 노맨Mr. NO Man'이었을까.

루스벨트가 어떤 아이디어를 제시하면 루이는 그것을 완전히 난도질했다. 아주 작은 것이라도 약점이라 생각하면 집요하게 물고 늘어지며 반대했다. 루스벨트는 자신의 정책과 아이디어에 대해 야당이나 정적과 싸우기도 전에 루이의 모든 비판에 방어부터 해야 했다. 이 과정을 통과해야만 루이는 루스벨트의 생각을 지지했다.

론도 카리스마로 똘똘 뭉친 스티브 잡스 앞에서 움츠리지 않았다. 그는 자기 생각이 옳다고 판단되면 보스의 반대에도 NO라고 말하며 관철시켰다. 이것을 대책 없는 고집이라고 폄하할 수 없다. 애플 스토어가 디지털 허브여야 한다는 것과 고객 친화적인 지니어스 바 개설은 독선적 고집이 아니라 본질을 꿰뚫어 본 혜안의 결과물이었다. 그렇기 때문에 그는 과감하게 NO라고 말할 수 있었던 것이다.

애플 스토어와 지니어스 바라는 창의적 공간은 SWP, 즉 창의적인 스마트 일터인 애플의 걸출한 스마트 리더 론의 활약으로 탄생할 수 있었다.

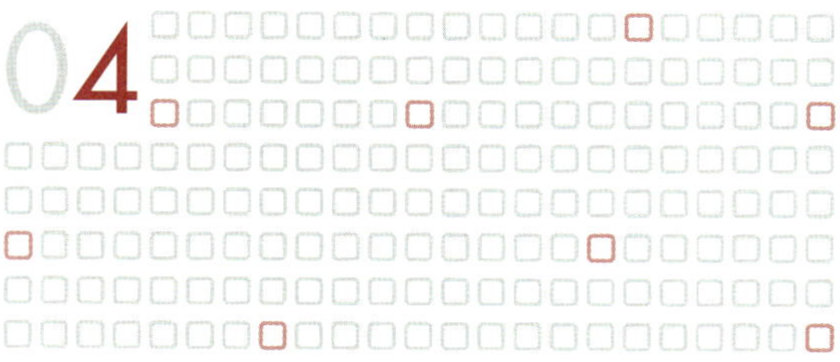

스마트 리더를 무한 복제하라,
존 래스터

존 래스터John A. Lasseter는 애플 직원은 아니지만 스티브 잡스가 키워 낸 가장 스마트한 사람이다. 『서유기』를 보면 손오공이 요괴들과 싸 우면서 분신을 만들어내는 장면이 있다. 문득 현실에서도 분신이 존 재한다면 얼마나 편할까라는 부질없는 생각을 해본다. 사실 자신을 복제해 분신을 만든다는 것은 누구나 한 번쯤 생각해봄직한 상상이 다. 특히 조직에 뛰어난 인재가 있어 그 사람을 복제할 수 있다면 조 직의 역량을 극대화하는 데 도움이 많이 될 것이다.

그렇지만 생물학적 복제는 불가능하기 때문에 기업들은 일종의 롤 모델을 만들어놓고 최대한 닮을 수 있도록 무한교육을 실시한다. 그 런데 직장인의 무한 복제가 엉뚱한 길로 들어선 것 같은 경우를 종종 발견할 수 있다.

요즘 기업에서 신입사원을 채용할 때 창의성과 개성을 많이 강조한다. 하지만 입사하고 난 뒤부터는 개성보다 조직에 순응하고 관행을 잘 따르는 직원으로 만들어버린다. 심지어 일 잘하는 사람의 ‘방식’을 따라하라고 강요한다. 이는 창의성이 배제된 도제식 교육이라서 스마트 일터와는 매우 거리가 먼 인재 육성 방식이다.

경영진은 또 어떤가. 해마다 고위 경영진은 창조와 혁신의 의미를 가득 담은 비전을 제시하지만 실제 현장에서는 당장 시장에서 팔릴 만한 제품을 개발하거나 영업 강화에 몰두하라고 닦달하는 경우가 많다. 이러니 직원들은 대부분 실적 쌓기에 급급할 수밖에 없다. 이런 상황에서 직장인의 무한 복제는 일만 하는 기계의 대량 생산이라는 암울한 자화상일 뿐이다.

스티브 잡스는 이렇게 획일화된 조직의 인사관리를 극도로 혐오했다. 그가 일반 직원들과 직접 논쟁을 즐기는 것도 무조건 예스만 외치고 순응하는 사람보다 창의적이고 도전적인 스마트 리더를 원하기 때문이다. 그리고 스마트 리더들은 그의 개성과 일하는 방식을 따라하는 게 아니라 창의성과 혁신이라는 DNA를 복제한 아바타여야 했다.

애플 초창기만 해도 안하무인으로 독불장군이던 스티브 잡스는 자신의 아바타를 따로 찾을 필요가 없었다. 모든 것을 혼자서 결정하고 일일이 간섭해야만 직성이 풀린 그에게 직원들은 제품의 부품과 같았을 것이다. 이런 그가 애플에서 쫓겨났다가 다시 극적으로 귀환한 뒤 바뀌었다. 여전히 강하게 고집을 세우고 모든 일에 개입하지만 일방적이지 않다. 때때로 참모들이 그의 결정을 뒤집는 경우도 있다. 어째서 이런 일이 가능해졌을까?

스티브 잡스는 애플에서 쫓겨난 뒤 넥스트라는 컴퓨터 회사를 설립하고 픽사를 인수하면서 재기하려고 갖은 노력을 다했다. 그러나 결과는 신통치 않았다. 픽사는 3D 애니메이션 기술을 가지고 있었지만 이를 수익으로 연결하지 못했다. 스티브 잡스는 답답했다. 최고 기술을 가졌어도 저절로 혁신적 비즈니스를 수행할 수 없다는 사실에 좌절감을 느꼈다.

이렇게 픽사와 스티브 잡스는 답보상태에 놓였지만 다행히 픽사에는 존 래스터가 있었다. 애니메이션을 전공한 그는 일찌감치 디즈니 스튜디오에서 일하고 있었다. 이 스튜디오에서 그는 컴퓨터그래픽의 매력에 푹 빠져들었고 얼마 지나지 않아 재능을 보이기 시작했다. 존의 재능은 루카스 필름 대표 조지 루카스의 눈에 들었고, 조지 루카스는 그를 스카우트했다. 그런데 존을 스카우트한 루카스 필름은 엉뚱하게도 잡스에게 인수되었다. 그리고 이름도 픽사로 바뀌어 3D 애니메이션 영화를 만들겠다는 거창한 포부를 밝히며 새로이 출발했다.

비전은 그럴싸했다. 세계 최초로 컴퓨터 합성 기술로 만드는 영화는 이전까지 크게 성공하지 못한 프로젝트였다. 사업은 부진했고 이를 타개할 수 있는 돌파구는 요원했다. 천하의 스티브 잡스도 머리를 싸매고 있어야만 할 때 존이 찾아와 새로운 투자를 요구하는 프로젝트가 있다고 말을 꺼냈다.

스티브 잡스는 잠시 망설였다. 회사 사정이 좋지 않은데 수십만 달러를 쏟아 부어야 하는 프로젝트가 수익성이 검증되지 않았기 때문이다. 일단 영화 스토리보드를 보고 결정하기로 한 다음 스티브 잡스는 프레젠테이션을 받기로 했다. 존의 프레젠테이션이 끝나자 일말의 불안감을 가지고 있던 스티브 잡스는 마음을 바꿔 투자하기로 결심했다. 그러나 자금 사정이 좋지 않은 것을 감안해 개인투자로 신규 프로젝트를 추진하기로 했다.

존은 스티브 잡스의 후원으로 5분짜리 3D 애니메이션 〈틴토이Tin Toy〉를 만들었고 이는 1989년 아카데미 단편 애니메이션 부문에서 수상했다. 나중에 〈토이스토리〉의 모태가 되는 이 작품으로 픽사는 세계 최초로 극장용 3D 애니메이션을 만들어내면서 암울한 터널을 벗어날 수 있었다.

존은 창의성과 혁신을 최고 가치로 여기는 스티브 잡스에게 든든한 원군과 같았다. 그리고 이제껏 모든 것을 혼자 결정하고 다른 이들의 능력을 쉽게 인정하려 들지 않던 스티브 잡스는 인재 육성의 중요성을 깨닫게 된다.

스티브 잡스의 각성은 픽사에서 구체적 행동으로 이어졌다. 그는 픽사의 애니메이션 스튜디오를 만들 때 다소 색다른 설계를 주문했다. 몇 개 건물로 연결된 사옥의 한가운데에 커다란 중앙홀을 만들라는 것이었다. 이곳에 카페테리아와 회의실, 화장실, 우편함 등 직원들이 자주 오갈 수 있는 공간을 만들었다. 이런 공간 배치는 직원들이 서로 자연스럽게 만나 대화할 수 있도록 유도했다. 의사소통을 원활히 하기 위해 소통의 강이 흐를 수 있는 환경을 만들었다.

이 중앙홀과 연결된 곳에는 또 하나 특별한 곳이 있다. 스티브 잡스가 컴퓨터 그래픽과 애니메이션을 결합하는 작업이 제대로 되려면 끊임없는 공부가 뒷받침되어야 한다는 생각에 따라 만든 픽사 대학이 바로 그것이다.

픽사 대학은 110개 이상 교육 코스를 운영하는데, 영화제작, 드로잉, 조각, 스토리텔링, 댄스까지 직원들이 영화를 만들기 위해 필요한 실무 기술 교육 과정과 영감을 불어넣을 수 있는 창의성 교육 과정이 개설돼 있다. 장편 3D 애니메이션 영화 한 편을 만드는 데는 기획에서 제작까지 보통 4~5년이 걸리는 빡빡한 과정을 거쳐야 한다. 그러나 픽사 직원들은 픽사 대학 수업을 가급적 빠뜨리지 않고 수강하며 일을 병행한다.

애니메이터는 물론 엔지니어와 마케터, 경비원까지 수업을 들을 수 있는 픽사 대학은 현장에서 배우는 최고의 교육현장이자 다양한 분야 사람들이 모여 토론하면서 최고 가치를 생산하는 광장이다. 더는 혼자가 아니라는 뜻의 라틴어인 'Alienus Nin Diutius'가 건물에 새겨진 것도 고독한 천재보다 서로 소통하고 협업하는 스마트 리더를 키우자는 의도에서이다.

스티브 잡스는 픽사 대학에서 자신의 스마트 리더들을 만들어냈다. 이들은 스티브 잡스에게 복종만 하는 기계가 아니다. 창의성을 최고 가치로 여기는 존과 더불어 수많은 픽사 인재들은 스스로 가치를 만들어내는 스마트 리더들이다.

픽사의 창의적 분위기와 스마트 리더들의 활약은 픽사 자체의 시장

가치도 드높였다. 디즈니는 픽사의 가치를 눈여겨보고 2006년 74억 달러라는 거액을 주고 인수한다. 스티브 잡스가 조지 루카스에게 1,000만 달러에 샀던 것을 생각한다면 무려 740배에 달하는 가치 증대를 이룬 것이다.

픽사의 놀라운 성장을 보면 결국 기업이나 조직에서 가장 핵심 자산은 인재라는 것을 새삼 깨닫게 된다. 특히 뛰어난 리더를 보좌하거나 그 리더만큼이나 역량을 발휘할 수 있는 수많은 스마트 리더들을 키워내야만 지속가능한 경영을 기대할 수 있다.

뛰어난 리더가 성공할 수 있는 요인은 여러 가지다. 역경을 이겨내는 강력한 의지와 좌중을 휘어잡는 화술, 카리스마까지 한 개인을 돋보이게 하는 요소는 많다. 그러나 고독한 천재는 괴팍한 기인으로 비춰지기 일쑤이며 조직의 힘을 약화시키는 주범이 되기도 한다. 그래서 리더는 고독한 천재가 아니라 구성원에게 비전을 제시할 수 있는 능력을 반드시 갖춰야 한다.

이런 리더의 비전에 동의하는 참모들, 즉 또 다른 스마트 리더들이 늘어나야만 리더는 목표에 더 가까이 다가갈 수 있다. 뛰어난 능력을 과신하기보다 그 능력을 골고루 나누거나 구성원들이 역량을 키울 수 있도록 장기적 안목에서 준비하는 것이야말로 진정 조직을 이끄는 리더의 의무이다.

존은 스티브 잡스에게 고독한 천재의 한계를 깨우쳐줬다. 그리고 픽사 대학을 비롯해 애플에서까지 창의성을 갖춘 스마트 리더 복제에 공을 들이도록 많은 영향을 주었다. 이제 스티브 잡스는 자신의 스마트 리더들과 세상에 힘껏 외친다. "그레이엄 벨이 전화기를 발명할 때 시장조사를 했는가? 내가 원하는 것은 오로지 혁신뿐이다."라고 말이다. 그리고 그는 수많은 스마트 리더를 창조한 것만으로도 충분히 세상에 혁신을 선보였다.

당신도 우주에 흔적을 남길 수 있다

닐 암스트롱은 달나라에 발자국을 남겼다. 아이작 뉴턴도 만류인력의 법칙을 세상에 남겼다. 아이작 뉴턴은 "내가 이 세상을 멀리 볼 수 있는 것은 거인의 어깨 위에 서 있을 수 있기 때문이다."라고 했다. 거인의 지식과 경험을 배워서 내 것으로 만드는 것이 곧 거인의 어깨 위에 올라서는 것이다. 앨버트 아인슈타인도 자신의 침실에 아이작 뉴턴의 초상화를 걸어두고 항상 거인의 어깨 위에서 생각했다고 한다. 스티브 잡스도 3D 애니메이션 영화를 만들 때 월트 디즈니의 어깨 위에서 창의적 사고를 했다.

이제는 우리가 스티브 잡스의 어깨 위에서 창의적 사고를 하는 법을 배워야 할 것 같다. 스티브 잡스는 제품을 기획하면서 기능 중심적으로 생각하는 것이 아니라 고객이 필요로 하는 것을 충족할 수 있는 새로운 방법을 찾는다. 그래서 소프트웨어나 하드웨어를 개발할 때 자신이 가지고 있는 기술력만 생각하지 않고 기능과 기술의 컨버전스를 꾀하여 고객에게 유용한 방법을 찾는다.

고객이 원한다면 제조업, 서비스업 등 업종의 벽을 허물어서라도 고객 솔루션 상품을 만들어야 하는 게 요즘 비즈니스의 흐름이다. 디지털 시대에 맞게 비즈니스 모델도 변화되고 있는 것이다. 전 세계 소비자들이 대부분 디지털에 익숙해져 있는데 아날로그 방식의 사업방식만 고집한다면 지구의 반쪽을 포기하고 사업을 하는 것과 마찬가지다.

또 디지털 고객과의 소통도 더욱 강화해야 한다. 디지털 고객이란 스마트 피플, 스마트 리더의 또 다른 표현이다. 똑똑한 디지털 고객들은 좋은 아이디어를 많이 가지고 있고 자신의 아이디어를 기업에게 제공하는 것을 즐긴다.

애플의 앱스토어처럼 똑똑한 고객들을 경영에 참여시키는 비즈니스 모델을 생각해보자. 아날로그 세계에는 80 대 20 법칙만 존재했지만 디지털 세계에는 소규모의 다수가 이익을 가져다주는 롱테일 법칙도 통한다고 했다. 애플의 아이튠즈 뮤직스토어와 앱스토어에서 발견할 수 있는 롱테일 법칙처럼 수많은 작은 고객들이 오히려 더 큰 이익을 가져다줄 수 있다.

앞으로 비즈니스는 어쩌면 최고 전문가들과 협업하고 최고 전문 기업들과 제휴해서 최고 어플리케이션 플랫폼을 만드는 것이 될 수 있다. 고객 어플리케이션 플랫폼은 마치 트로이 목마 같은 역할을 하여 고객 스스로 이 플랫폼을 자신의 성 안으로 끌고 들어간다. 그리고 고객이 그 회사의 직원이 되어 새로운 어플리케이션을 만들어내고 스스로 마케팅하여 매출을 발생시킨다. 이렇게 되면 고객이 매출을 일으켜주고 이익을 만들어주는, 소위 '고객이 움직이는 회사'로 바뀌게 된다. 앱스토어는 고객 기술을 기업 안으로 끌어오는 창구이다. 또 앱스토어라는 신대륙에는 국경이 없어서 로컬 마인드가 아니라 글로벌 마인드를 지닌 사람이 유리하다.

앱스토어는 대기업과 개인이 평등한 조건에서 출발할 수 있다. 오히려 참신한 아이디어와 신기술을 익힌 개인이 더 유리할 수도 있다. 시시각각 변하는 환경을 특성으로 하는 디지털 비즈니스에서는 경직되고 비대한 몸집보다 유연하고 날렵한 조직이나 개인이 활동하기가 좋기 때문이다.

페이스북, 트위터, 포스퀘어와 같이 우주에 흔적을 남길 만한 서비스를 개발한 사람은 IBM이나 마이크로소프트가 아니라 젊은 리더들이다. 그들이 새로운 생각으로 고객 기술을 활용해서 만든 것이다.

당신도 우주에 흔적을 남길 만한 새로운 것을 만들어내고 싶다면 창의와 열정으로 움직이는 덴트 DENTS 방식으로 생각하고 일하라.

D   Sense of Direction(방향감각)

E   Enablement of customer technology(고객 기술 수용)

N   New idea(창의적 아이디어)

T   Teamwork(팀워크)

S   Sprint(전력질주)

마켓3.0 시대의 스마트 비즈니스 전략

펴낸날	초판 1쇄 2010년 6월 8일

지은이   김영한, 류재운
펴낸이   심만수
펴낸곳   (주)살림출판사
출판등록 1989년 11월 1일 제9-210호

경기도 파주시 교하읍 문발리 파주출판도시 522-1
전화 031)955-1350   팩스 031)955-1355
기획·편집 031)955-4660
http://www.sallimbooks.com
book@sallimbooks.com

ISBN 978-89-522-1438-6 03320

* 값은 뒤표지에 있습니다.
* 잘못 만들어진 책은 구입하신 서점에서 바꾸어 드립니다.

책임편집 최병윤